न भूलनेवाली
100 कहानियाँ

दादा जे.पी. वासवानी की अन्य हिंदी पुस्तकें

- दैनिक प्रेरणा
- क्रोध को जलाएँ स्वयं को नहीं
- भले लोगों के साथ बुरा क्यों?
- आलवर संतों की महान् गाथाएँ
- संतों की लीला
- साधु वासवानी उनका जीवन और शिक्षाएँ
- आत्मिक पोषण
- भक्तों की उलझनों का सरल उपाय
- प्रार्थना की शक्ति
- ईश्वर तुझे प्रणाम!
- सफल विवाह के दस रहस्य
- मृत्यु है द्वार···फिर क्या?
- लघु-कथाएँ
- डर से मुक्ति पाएँ
- श्रीमद्‌भगवद्‌गीता गागर में सागर
- आपके कर्म, आपका भाग्य बनाते हैं!
- चाहत है मुझे इक तेरी, तेरी
- क्षमा करो, सुखी रहो
- सर्वोत्तम संबंध (गुरु और शिष्य)

न भूलनेवाली 100 कहानियाँ

जे.पी. वासवानी

प्रभात प्रकाशन

प्रकाशक • **प्रभात प्रकाशन प्रा. लि.**
4/19 आसफ अली रोड,
नई दिल्ली–110002

संस्करण • 2025
अनुवाद • वीरेन वर्मा
मूल्य • चार सौ रुपए
मुद्रक • नरुला प्रिंटर्स, दिल्ली

NA BHOOLANEWALI 100 KAHANIYAN
J.P. Vaswani
₹ 400.00
Published by Prabhat Prakashan Pvt. Ltd., 4/19 Asaf Ali Road, New Delhi-2
e-mail: prabhatbooks@gmail.com
ISBN 978-93-5186-753-1

अनुक्रम

1

एक सूफी दरवेश की साक्षी

मलिक दिनार एक सूफी दरवेश थे। उनके पड़ोस में एक यहूदी रहता था, जो हमेशा दरवेश को परेशान करने की फिराक में रहता था। उसने मलिक दिनार के घर के दरवाजे के बाहर ही अपने शौचालय बनवाए थे, ताकि जब कभी दरवेश घर से निकलें या वापस लौटें तो उन्हें उन बदबूदार शौचालयों के पास से गुजरना पड़े, जिन्हें जान-बूझकर कई-कई दिनों तक साफ नहीं किया जाता था।

परंतु दरवेश कभी परेशान या उत्तेजित नहीं हुए। जब भी वे घर से निकलते या वापस लौटते, तो अपनी नाक पर रूमाल रख लेते और चुपचाप निकल जाते। जब भी उनकी मुलाकात उस यहूदी से होती, वे उसे अभिवादन करना और आशीर्वाद देना न भूलते। जब वह यहूदी बीमार पड़ा और उसकी देख-भाल करनेवाला कोई नहीं था, तो उन्होंने उसकी सेवा की। स्वाभाविक रूप से यहूदी को आश्चर्य हुआ।

"जब आप हर रोज मेरे शौचालयों के पास से गुजरते हैं तो क्या आपको चिढ़ नहीं होती?" उसने मलिक दिनार से पूछा।

"चिढ़? चिढ़ने का मुझे क्या हक है? मुझे बस अपनी नाक पर रूमाल ही तो रखना पड़ता है, वह कोई बड़ी बात नहीं है।" मलिक दिनार ने जवाब दिया।

यह इक तरफा समायोजन का सर्वोत्तम उदाहरण था। जब हम समायोजन

की यह कला सीख लेते हैं, हम हर त्रासदी को विजय में बदल सकते हैं।

"जीवन कभी भी कठिन हो सकता है : जीवन कभी भी आसान हो सकता है। यह इस पर निर्भर करता है कि कैसे एक व्यक्ति अपने आपको परिस्थितियों के अनुसार ढाल लेता है।"

—अज्ञात

व्यावहारिक सुझाव

- विकट लोगों और स्थितियों से पार पाने के लिए पहले हमें अपने भीतर तालमेल बिठाना होगा।
- समायोजन की प्रवृत्ति विकसित करने के लिए जब भी आपके मन में नकारात्मक भाव पैदा हो, उसे तुरंत ही सकारात्मक भाव में बदल दें।
- जब भी आपके मन में असंतोष और क्रोध का भाव उत्पन्न हो, तुरंत उसे संवेदना और सहानुभूतिपूर्ण विचारों की ओर ले जाएँ।
- जब भी आपके मन में ईर्ष्या का भाव उत्पन्न हो, उसे जल्द ही आपकी ईर्ष्या के पात्र व्यक्ति की समृद्धि की मनोकामना में बदल दें।
- जब आपके मन में लालच की भावना उत्पन्न हो, अपने मन को कृतज्ञता के भाव से भर लें।
- जब भी आप किसी अन्य व्यक्ति के गुण-दोषों की विवेचना कर रहे हों, ऐसे विचारों की जगह मन में स्वीकार्यता और समझ को स्थान दें।

□

2

प्रधानमंत्री की प्रतीक्षा

जब पंडित जवाहरलाल नेहरू भारत के प्रधानमंत्री थे, एक अति महत्त्वपूर्ण बैठक में भाग लेने के लिए वे कार से यात्रा कर रहे थे। एक रेलवे फाटक पर उनकी कार को रुकना पड़ा।

कार का ड्राइवर फाटक के चौकीदार के पास गया और रोबीले अंदाज में बोला, ''क्या तुम जानते हो कि जिस कार को तुमने फाटक पर रोका है, उसमें कौन बैठा है? वह कोई और नहीं, इस देश के प्रधानमंत्री हैं। अब दौड़कर तुरंत फाटक खोल दो। तुम प्रधानमंत्रीजी से इंतजार नहीं करवा सकते।''

चौकीदार ने विनम्रतापूर्वक कहा, ''यह मेरी ड्यूटी है कि इस आशय का संकेत मिलने पर मैं फाटक बंद कर दूँ। जब तक ट्रेन यहाँ से गुजर न जाए, मुझे फाटक खोलने की इजाजत नहीं है।''

ड्राइवर का पारा चढ़ गया, ''मैं तुम्हें चेतावनी देता हूँ,'' उसने धमकाया, ''मैं तुम्हें नौकरी से बरखास्त करवा दूँगा। अगर तुमने तुरंत फाटक नहीं खोला तो अपनी नौकरी से हाथ धो बैठोगे।''

जब पंडित नेहरू ने यह वाकया सुना, वे उस चौकीदार की कर्तव्य-परायणता और जिम्मेदारी के एहसास से बहुत खुश हुए। उन्होंने यह सुनिश्चित किया कि उस आदमी की कर्तव्य-परायणता के लिए उसकी पहचान की जाए, उसे प्रशस्ति-पत्र दिया जाए और उसकी पदोन्नति की जाए।

एक व्यक्ति को परखने का सबसे अच्छा तरीका यह देखना है कि वह

अपने कर्तव्य का पालन कैसे करता है। काम करने के सौ तरीके हैं। कुछ तरीके सही हैं, तो कुछ गलत, परंतु उनमें से केवल एक सर्वोत्तम तरीका है— हम सभी अपना सर्वोत्तम देने का प्रयास करें।

> ***''आपका कर्तव्य है कि काम का जो हिस्सा आपको सौंपा गया है, उसे अच्छी तरह से पूरा करें, न कि किसी अन्य के हिस्से का काम खुद करना शुरू कर दें।''***
>
> ***—इपिक्टेटस***

व्यावहारिक सुझाव

- सुबह ही यह तय कर लें कि आप अपने कर्तव्य का पालन प्रेमपूर्वक करेंगे, चाहे अपेक्षित कुछ भी हो।
- अगर आप ऐसा करते हैं, तो पाएँगे कि दिन का काम पूरा होने पर आप उतनी थकावट महसूस नहीं करेंगे, जितनी आमतौर पर करते हैं।
- अपने कर्तव्य से प्रेम करने के लिए स्वयं को प्रशिक्षित करें। तब वह आसान हो जाएगा। अगर आप किसी काम को पसंद नहीं करते और फिर भी उसे करते हैं, तो आपका मन बँट जाएगा और उससे आपकी कार्यक्षमता तो घटेगी ही, तनाव भी पैदा होगा।

□

3

उदारता का पुरस्कार

एक अभागा भिखारी किसी गाँव की धूल भरी गलियों में भीख माँगता हुआ घूम रहा था, तभी उसने अपनी आँखों से, आसमान से भव्य सुनहरे रथ को उस सँकरी गली में उतरते देखा। एक देवदूत उस सुनहरे रथ से उतरा और कृपापूर्ण मुस्कान से भिखारी की ओर बढ़ा।

भिखारी का दिल खुशी से उछल पड़ा। उसने मन-ही-मन सोचा कि उसकी किस्मत खुल गई है। निस्संदेह यह इंद्रलोक से कोई देवता उतरकर आया है। ये देव बस मेरे कटोरे की तरफ हाथ बढ़ाएँगे और वह सोने के सिक्कों से भर जाएगा। जब भिखारी ने तत्परता से अपना कटोरा उनके आगे बढ़ाया, उसकी आँखें आशा और इच्छा से चमक रही थीं।

उसकी हताशा की कल्पना कीजिए, जब वह देवदूत उसके पास आया और मधुर स्वर में बोला, "तुम्हारे पास ऐसा क्या है, जो तुम मुझे दे सकते हो?"

भिखारी ने अपने दुर्भाग्य को कोसा। बड़े ही दुःखी मन से उसने अपने कटोरे से मकई का सबसे छोटा दाना निकाला और कुढ़ते हुए देवदूत के हाथ पर रख दिया।

"धन्यवाद!" देवदूत ने कहा। वह वापस अपने रथ की ओर गया और जैसे आया था, वैसे ही उड़कर चला गया।

उस घटना से भिखारी को बहुत ही बुरा महसूस हो रहा था। "आज इतने

शानदार दिव्य पुरुष से मुलाकात हुई और कुछ देने की बजाय वह तो मुझसे ही भीख माँगने लगा!'' उसने बड़ी कड़वाहट से अपने आपसे कहा, ''मैं चाहता हूँ कि मैंने उसे जो सड़ा सा छोटा दाना दिया है, उसी से वह मौज करे!''

उस रात, जब वह सोने की तैयारी कर रहा था, उसने कटोरे में रखे सिक्कों और अनाज के दानों को खाली किया, जो उसे आज मिले थे। उसके आश्चर्य की सीमा नहीं रही, जब उसने उस खाली कटोरे के तल में सोने का एक दाना जगमगाते देखा। भिखारी ने देवदूत को जो कुछ दिया था, उसे उन्होंने स्वर्ण की शक्ल में लौटा दिया था। काश, मकई का दाना देते समय वह और अधिक उदार रहा होता। भिखारी के पास जो कुछ भी था, उसे उदारता से न देकर उसने समृद्धि को ठुकरा दिया। पछतावे में वह फूट-फूटकर रोया; पर अब क्या हो सकता था।

''आपके जीवन को इससे नहीं तौला जाएगा कि आपने क्या-क्या जमा किया है, बल्कि इससे कि आपने दूसरों को क्या-क्या दिया है।''

—वेन डायर

व्यावहारिक सुझाव

- देना आसान है, परंतु जब हम बिना किसी अपेक्षा के किसी को कुछ देते हैं, उससे जो शांति मिलती है, वह अपने आप में ही पुरस्कार है।
- जब भी आप किसी को कुछ दें, इस बारे में सचेत रहें कि किस तरह से आपका मन बदले में प्रशंसा और लोकप्रियता चाहता है।
- क्या आप बिना बताए किसी ऐसे व्यक्ति को कुछ दे सकते हैं, जो यह जानता ही न हो कि किसने दिया है या जो किसी भी तरह से आपकी दयालुता का प्रतिदान न दे सकता हो?

□

4

महामारी

एक अरबी लोक-कथा के अनुसार एक बुद्धिमान बुजुर्ग बगदाद जानेवाली मरुस्थली सड़क पर यात्रा कर रहे थे कि उन्होंने साक्षात् महामारी को तेजी से अपने आगे-आगे जाते देखा।

''तुम्हें बगदाद पहुँचने की इतनी जल्दी क्यों है?'' बुजुर्ग ने पूछा।

''मुझे उस शहर में पाँच हजार लोगों की जान लेनी है।'' बुजुर्ग को पीछे छोड़कर दूर जाने से पहले महामारी ने कहा।

बाद में, वापसी यात्रा में, संयोग से वे दोनों फिर मिले। ''तुमने मुझसे झूठ बोला था,'' उलाहना देते हुए बुजुर्ग ने कहा। ''तुमने कहा था कि तुम पाँच हजार जानें लोगे, पर तुमने दस हजार जानें ले लीं।''

''वह मैंने नहीं किया है!'' महामारी ने कसम लेते हुए कहा, ''मैंने पाँच हजार से एक भी जान ज्यादा नहीं ली है। बाकी जानें 'दहशत' ने ली हैं।''

सच है, डर हमारी आत्मा को दुर्बल कर देता है, हमारी जीने की इच्छा ही खत्म कर देता है।

''मौत जितने लोगों को मारती है, उससे ज्यादा लोग डर से मरते हैं।''

—जॉर्ज पैटन

व्यावहारिक सुझाव

- जब आपको डर लगे, साँस लेने का 7/11 फॉर्मूला आजमाएँ। शांत चित्त होकर बैठें।
- अपनी साँसों पर ध्यान केंद्रित करें।
- मन-ही-मन 7 गिनने तक साँस अंदर लें।
- फिर मन-ही-मन 11 गिनने तक साँस बाहर निकालें।
- अगर करीब एक मिनट तक आप ऐसा करें तो यह देखकर चकित रह जाएँगे कि आपका मन कितनी जल्दी शांत हो गया है। हम इसे साँस लेने का '7/11 फॉर्मूला' कहते हैं, पर संख्या आप अपनी सुविधा से चुन सकते हैं, बशर्ते साँस लेने से साँस छोड़ने की अवधि ज्यादा हो।

□

5

प्यार सीमाएँ नहीं जानता

इंग्लैंड के शहीद और संत थॉमस बेकेट के पिता तथा माँ की एक रूमानी कहानी प्रचलित है। अपनी युवावस्था में एक बार थॉमस के पिता गिलबर्ट बेकेट तीर्थयात्रा पर गए थे। वहाँ एक कट्टर मुस्लिम शासक ने उन्हें पकड़वाकर अपने महल में कैद कर लिया। उस मुस्लिम शासक की इकलौती बेटी को गिलबर्ट से प्यार हो गया। वह कमसिन, गोरी और सुंदर थी। गिलबर्ट ने उससे इस शर्त पर शादी का वादा किया कि वह उसके साथ इंग्लैंड चले, क्योंकि वह भी उससे गहरा प्यार करने लगा था।

खैर, उसे शीघ्र ही शासक की कैद से फरार होने का अवसर मिल गया। इंग्लैंड जाकर गिलबर्ट उस लड़की के बारे में सब कुछ भूल गया, जिसने उसे अपना दिल दे दिया था।

परंतु वह लड़की उसे इतनी आसानी से भूल न पाई। उसने दृढ़ निश्चय किया कि वह भेस बदलकर अपने पिता का घर छोड़कर दूर इंग्लैंड में गिलबर्ट को खोजने जाएगी। उसका फैसला सुनकर उसकी सहेलियाँ अवाक् रह गईं, क्योंकि आठ सौ साल पहले, उन दिनों लड़कियाँ अपने प्रेमियों, विशेष रूप से उन प्रेमियों की खोज में अकेले नहीं निकल पड़ती थीं, जिनकी भाषा और पता तक वे नहीं जानती थीं।

पर वह लड़की डरी नहीं। वह अंग्रेजी के केवल दो शब्द जानती थी— लंदन और गिलबर्ट। उसने नजदीकी बंदरगाह तक यात्रा की और वहाँ जहाज

कर्मियों से बस 'लंदन', 'लंदन' बोलती रही। जहाज कर्मी उसे एक जहाज पर ले गए, जो लंदन की ओर रवाना हो रहा था और उसने अपने गहनों से जहाज का किराया चुकाया।

लंदन (जो उस समय एक छोटा शहर था) पहुँचकर वह उसकी सड़कों पर घूम-घूमकर "गिलबर्ट! गिलबर्ट!" पुकारती रही। बेकेट का एक सेवक अपने मालिक के साथ उस मुस्लिम शासक द्वारा बंदी बना लिया गया था, उसने उसे देखा और दौड़कर अपने मालिक को यह बात बताने गया। "मालिक, मालिक!" उसने कहा, "मैंने अभी-अभी उस मुस्लिम शासक की बेटी को देखा है, जो आपका नाम पुकारती हुई लंदन की सड़कों पर घूम रही है।"

लड़की की तलाश में गिलबर्ट तेजी से निकल पड़ा। जब लड़की ने उसे देखा, तो खुशी के मारे उसके आँसू थम ही नहीं रहे थे और वह अपने प्रेमी की बाँहों में बेहोश हो गई। वह उसकी इच्छा-शक्ति और दृढ़ निश्चय ही था, जिसने उसके लिए अनजाने खतरों से पार पाना और अपने प्रेमी को खोज निकालना संभव बनाया। जल्दी ही वे दोनों विवाह-सूत्र में बँध गए।

"प्यार उन दरवाजों के ताले तोड़ देता है और वे खिड़कियाँ भी खोल देता है, जो पहले वहाँ थी ही नहीं।"

—मिग्नन मैकलालिन

व्यावहारिक सुझाव

- आज, अपने जीवनसाथी या मित्र या माता-पिता के लिए ईश्वर को धन्यवाद दीजिए। उनके कारण आपको जो वरदान, खुशियाँ और सकारात्मक गुण प्राप्त हुए हैं, उनकी एक सूची बनाएँ।
- यह समझें कि किसी ईश्वरीय विधान के अंतर्गत वे आपके जीवन में आए हैं।

□

6

शिक्षक या राष्ट्रपति ?

मुझे महान् अमरीकी लेखक जेम्स मिचेनर के जीवन की एक हृदयस्पर्शी घटना याद आती है। उन्हें वाइट हाउस में राष्ट्रपति ड्वाइट आइजनहावर द्वारा आयोजित एक प्रीतिभोज में अतिथि के रूप में आमंत्रित किए जाने का विरला सौभाग्य प्राप्त हुआ था।

जेम्स मिचेनर ने यह आमंत्रण अस्वीकार कर दिया। राष्ट्रपति को लिखे एक पत्र में उन्होंने साफ किया, "उसी दिन और ठीक उसी समय मेरी एक अद्‍भुत शिक्षिका के सम्मान में एक समारोह आयोजित किया जा रहा है, जिन्होंने मुझे लिखना सिखाया। श्रीमान् राष्ट्रपति, आपके समारोह में आपको मेरी कमी नहीं खलेगी, परंतु उनके समारोह में उन्हें मेरी कमी खल सकती है।"

उस पत्र ने 'आइक' (जिस नाम से आइजनहावर लोकप्रिय थे) को इतना अभिभूत कर दिया कि उन्होंने जवाब में लिखा :

"प्रिय श्री मिचेनर, एक व्यक्ति अपने जीवनकाल में 15 या 16 राष्ट्रपतियों के शासनकाल में जी लेता है, परंतु सही मायनों में एक उत्तम शिक्षक विरले ही उसके जीवन में आता है।

"हम अकसर अपने नजदीकी लोगों को नजरअंदाज कर लेते हैं। पिछली बार ऐसा कब हुआ था, जब हमने उन सब लोगों का आभार व्यक्त किया और

उन्हें सम्मानित किया हो, जिन्होंने हमारा ध्यान रखा, पढ़ाया, हमारा मार्गदर्शन किया और हमारी सहायता की?''

''एक शिक्षक अनंतकाल तक प्रभावित करता है; हम कभी नहीं कह सकते कि उनका प्रभाव कहाँ थम जाता है।''

—हेनरी ब्रूक्स एडम्स

व्यावहारिक सुझाव

- कम-से-कम दो ऐसे शिक्षकों का मोबाइल नंबर या ई-मेल हासिल करने का प्रयास करें, जिन्होंने आपके जीवन को सकारात्मक रूप से प्रभावित किया है।
- फोन, ई-मेल के जरिए या पत्र लिखकर उन्हें अपना धन्यवाद संदेश भेजें। आप अपने भीतर खुशी महसूस करेंगे। उनका प्रत्युत्तर पाकर आप भी अभिभूत हो जाएँगे।

□

7

दुःख मन को निर्मल करता है

एक धर्मपरायण स्त्री ने बताया कि साक्षात् भगवान् ने उन्हें दर्शन दिए और बोले, ''मैं तुम्हारे लिए तीन उपहार लाया हूँ, इनमें से तुम्हें जो सबसे ज्यादा पसंद हो, वह रख लो।''

वे तीन उपहार थे—तुम्हारी निराधार आलोचना, बीमारी और अत्याचार।

उस धर्मात्मा स्त्री ने मन-ही-मन उन तीनों उपहारों को तौला और पाया कि उनमें से प्रत्येक को अन्य दो के मुकाबले स्वीकार करना ज्यादा कठिन है। मेरी गलती न होने पर भी मेरी आलोचना की जाए, मुझे दुश्चरित्र, चोर, पाखंडी कहा जाए, जब मैं असल में निर्दोष हूँ? किसी बीमारी की चपेट में आ जाना, बिस्तर में पड़े रहना, जहाँ से न उठ सकूँ, न चल-फिर सकूँ, शायद बोल भी न सकूँ और महीने-दर-महीने, साल-दर-साल मेरी यही दशा बनी रहे? मेरा जीवन बेदाग होने पर भी मेरे साथ अपराधियों जैसा बर्ताव हो, मुझ पर जुल्म किया जाए, कोड़ों से मारा जाए, भयंकर यातना दी जाए?

तीनों ही 'उपहार' उसे असहनीय लगे और यह सोचकर वह काँप उठी कि अगर उसने किसी को भी चुना तो क्या होगा।

भगवान् मुस्कराए और उनके बढ़े हुए हाथों में तीनों उपहार थे। उसने नजरें उठाकर जब भगवान् का मृदु, मुस्कराता चेहरा देखा तो न जाने उसे क्या हुआ कि बेहिचक उसने कहा, ''भगवान, मैं तीनों ही उपहार ले लेती हूँ।''

"केवल दुःख तथा कष्टों के अनुभवों के पश्चात् ही आत्मा सशक्त बनती है, दृष्टि स्वच्छ, आकांक्षा प्रेरित तथा सफलता मिलती है।"

—हेलेन केलर

व्यावहारिक सुझाव

- आज अगर आपसे कोई कटुता से बात करता है या अकारण आप पर दोषारोपण करता है या आप विपरीत परिस्थितियों का सामना नहीं कर पाते हैं, तो अपनी आँखें बंद करके बस इतना कहें, "धन्यवाद, ईश्वर!" ऐसा तब तक कहते रहें, जब तक आपके हृदय में शांति और मन में निश्चलता न आ जाए।

□

8

सड़े हुए सेबों का उपयोग

सोलोन प्राचीन यूनान के महान् विचारकों में से एक थे। आज भी उन्हें एक महान् विधिवेत्ता के रूप में याद किया जाता है।

एक दिन, अपने हाथ में एक सड़ा हुआ सेब लेकर सोलोन नागरिकों के बीच गए। अपने आस-पास एकत्र लोगों से उन्होंने एक सवाल पूछा, "क्या कोई मुझे बता सकता है कि इस सेब का पुन:निर्माण करने के लिए मैं क्या कर सकता हूँ, ताकि यह नया हो जाए?"

लोगों ने इनकार में अपनी गर्दनें हिलाईं। एक सड़े हुए सेब के साथ कोई क्या कर सकता है? जहाँ तक उसे नया बनाने का सवाल है—किसने इस तरह की बात सुनी है? इसे फेंकने के सिवाय कुछ नहीं किया जा सकता।

अपने सवाल का कोई जवाब न पाकर सोलोन ने उस सेब को काटकर चार टुकड़े कर दिए।

सेब के बीज अपने हाथ में लेते हुए सोलोन ने कहा, "इस सेब को नया बनाने, इस सड़े हुए सेब से नए सेब पैदा करने का तरीका है, इन बीजों को बो देना। इन्हीं बीजों से नए सेब खिलेंगे।"

लोग विधिवेत्ता की दूरदृष्टि और बुद्धिमानी के कायल हो गए। वे कैसे भूल गए कि एक सड़े हुए सेब में भी नवजीवन का स्रोत मौजूद है—उसके बीज?

इसी प्रकार, जब मानवता पतित हो जाती है, तो याद रखें कि भावी

पीढ़ियों के बीज उसके बच्चे हैं। उनमें निवेश करें। उनकी देख-भाल करें। क्योंकि वही मानवता की पुन:स्थापना करेंगे।

''अगर आप एक नया भवन बनाना चाहते हैं तो बढ़िया सीमेंट और स्टील इस्तेमाल करें।
''अगर आप एक नया शहर बसाना चाहते हैं तो पेड़ लगाएँ।
''अगर आप नए जीवंत मानव समाज का निर्माण करना चाहते हैं तो बच्चों से शुरुआत करें।''

—जे.पी. वासवानी

व्यावहारिक सुझाव

- बच्चों को महान् व्यक्तियों की जीवनियाँ पढ़ने और अच्छी संगत में रहने के लिए प्रोत्साहित करें। उन्हें सही और गलत, नैतिक और अनैतिक के बीच भेद करना आना चाहिए।

□

9

ओक या कुम्हड़ा

एक धनी और घमंडी आदमी, अपने बेटे को कॉलेज में दाखिला दिलाने के लिए, उसे साथ लेकर हिरम कॉलेज के जेम्स गारफील्ड से मिलने आया।

''देखिए मि. गारफील्ड, मेरे बेटे को आपके कॉलेज में प्रवेश लेकर बहुत खुशी होगी। परंतु क्या इस डिग्री प्रोग्राम का तीन साल में पूरा होना सचमुच जरूरी है? क्या आप इस कोर्स की अवधि कम नहीं कर सकते, जिससे उसे डिग्री जल्दी मिल जाए? मैं इसके जरिए अपने सपनों को साकार होते देखने के लिए ज्यादा इंतजार नहीं कर सकता।''

''यह आप पर निर्भर करता है कि उसकी शिक्षा से आप हासिल क्या करना चाहते हैं?'' गारफील्ड ने शांत लहजे में जवाब दिया, ''ओक के वृक्ष को विकसित करने में भगवान् भी सौ साल लेते हैं। पर एक कुम्हड़ा दो महीने में ही तैयार हो जाता है।''

श्रेष्ठ कार्यों के लिए लघु मार्ग नहीं होता!

''जहाँ तक सफलता पाने का सवाल है, उसके लिए कोई छोटा, आसान रास्ता नहीं है।''

—बो बेनेट

व्यावहारिक सुझाव

- अगर आपकी प्रवृत्ति हर चीज आनन-फानन में करने की है, अगर आप अपने सारे काम तत्काल करवाना चाहते हैं और कुछ चीजें विकसित होने में लगने वाली स्वाभाविक अवधि पूरी होने तक इंतजार नहीं कर सकते, तो रुकिए! कोई महत्त्वपूर्ण कार्य शुरू करने से पहले गहरी साँसें लें।

□

10

दो से खुशी—तीन से लुटी

एक दिन अमरीकी दार्शनिक बेंजामिन फ्रेंकलिन ने अपने छोटे से बेटे को बुलाया और उसे एक सेब दिया।

सेब पाकर बच्चा बहुत खुश हुआ। उसकी आँखें खुशी से चमक उठीं।

बेंजामिन ने उसे एक और सेब दिया और लड़के ने अपने दूसरे हाथ में वह ले लिया। अब, उसके दोनों हाथों में रसीले-लाल सेब थे।

फिर बेंजामिन ने उसे तीसरा सेब दिया। बच्चा खुशी से फूला नहीं समाया, परंतु जैसे ही उसने तीसरा सेब पकड़ने की कोशिश की, तीनों सेब उसके हाथों से छूटकर जमीन पर गिर पड़े। बच्चा रोने लगा।

आदमी के पास सब कुछ होने के बावजूद, वह और ज्यादा की हसरत रखता है। यही हसरत हमारे दुःख का कारण है।

''जो व्यक्ति उसके पास जो कुछ है, उससे संतुष्ट नहीं है, वह वो चीज पाकर भी संतुष्ट नहीं होगा, जो वह पाना चाहता है।''

—सुकरात

व्यावहारिक सुझाव

- आज ही निर्णय लें कि आप अपनी खरीदने की लालसा को रोक देंगे; यह समझ लें कि जरूरी नहीं कि ज्यादा-से-ज्यादा वस्तुएँ और कपड़े आपको खुशी देंगे। अपने आप से पूछें—क्या मुझे सचमुच इसकी जरूरत है? या मुझे इसे पाने की केवल अस्थायी इच्छा है? क्या यह बस मेरी अलमारी में पड़ा रहेगा और लाखों अन्य वस्तुओं में जुड़ जाएगा, जिनसे मेरा घर भरा पड़ा है? अगर आपको किसी चीज की सचमुच जरूरत नहीं है तो उसे न खरीदें।

□

11

जो काम करना है, उसे कर लें

हमें एक राजा के बारे में एक रोचक कहानी बताई गई है, जिसने भगवान् शिव का एक भव्य मंदिर बनवाया था। शिव-प्रतिमा के प्रतिष्ठापन के अवसर पर उसने महापूजा का आयोजन किया। इसलिए उसने राज्य के सभी नागरिकों को आदेश दिया कि वे अपने-अपने घर से एक लोटा दूध लाएँ और मंदिर के सरोवर में डाल दें। यह महापूजा से एक रात पहले करना था, ताकि सुबह जल्द ही पूजा शुरू हो सके।

अब राज्य के नागरिकों ने सोचा, "सभी लोग एक-एक लोटा दूध तो ला ही रहे हैं। अगर मैं दूध के बदले पानी ले जाऊँ तो किसको पता चलेगा ? दूध से भरे सरोवर में थोड़े से पानी से कोई फर्क नहीं पड़ेगा!"

इस तरह, यह सोचकर कि किसी को पता नहीं चलेगा, अँधेरे में हर आदमी एक-एक लोटा पानी लाया और सरोवर में डाल दिया। अगली सुबह सबने देखा कि सरोवर पानी से भरा था। एक व्यक्ति ने भी भगवान् की विशेष पूजा के लिए थोड़ा सा दूध अर्पित करना अपना कर्तव्य नहीं समझा।

हर व्यक्ति का महत्त्व है! हर छोटी-सी-छोटी चीज मायने रखती है। मुझे विश्वास है कि आपने निम्नलिखित घटना के बारे में सुना होगा।

एक महत्त्वपूर्ण कार्य तत्काल ही पूरा करना था। हर आदमी ने सोचा कि कोई-न-कोई तो उसे कर ही लेगा। इसलिए किसी ने भी वह काम नहीं किया। कोई भी आदमी वह काम कर सकता था, परंतु किसी ने भी खुद उसे करने की

बात नहीं सोची।

जब हम दल में काम करते हैं, तो अपनी व्यक्तिगत जिम्मेदारी से बचते हैं। परंतु सच्चाई यह है कि हममें से प्रत्येक अपने कृत्यों के लिए जिम्मेदार है।

''किसी भी सामूहिक कार्य में व्यक्तिगत प्रतिबद्धता है, जो एक टीम को, एक कंपनी को, एक समाज को और एक सभ्यता को दक्ष बनाती है।''

—विंस लोंबार्डी

व्यावहारिक सुझाव

- दिए गए कार्य के छोटे-से-छोटे हिस्से को भी पूरी ईमानदारी और निष्ठा से करने का प्रयास करें।
- हर सुबह उठकर पक्का फैसला करें कि चाहे कुछ भी हो, आप अपना कर्त्तव्य पूरी ईमानदारी और निष्ठा से निभाएँगे।

□

12

नारियल जिसे तोड़ा न जा सका

एक दिन दो जिज्ञासु एक ऋषि के पास पहुँचे और उनसे प्रार्थना की कि वे उन्हें अपना शिष्य बना लें। उन्होंने कहा, "हे ऋषिवर! हम आपके ज्ञान और बुद्धिमत्ता के भंडार से कुछ सीखने के लिए यहाँ आए हैं।"

ऋषि ने उनसे पूछा, "क्या तुम उसके लिए तैयार हो?"

इस प्रश्न से दोनों शिष्यों को आश्चर्य हुआ, परंतु उन्होंने इस बात की पुष्टि की कि अवश्य, वे सचमुच तैयार हैं। ऋषि ने दोनों को एक-एक नारियल दिया और बोले, "जाओ और इन्हें तोड़ो। पर इन्हें ऐसी जगह तोड़ना, जहाँ तुम्हें कोई देख न रहा हो।"

दोनों जिज्ञासु अलग-अलग दिशाओं में चले गए। एक जिज्ञासु एक अँधेरी गुफा में गया और चारों ओर देखा कि कोई उसे देख तो नहीं रहा। आस-पास किसी को न देखकर उसने नारियल तोड़ दिया। तुरंत ही वह दौड़कर ऋषि के पास गया और बोला, "मैं एक गहरी, अँधेरी गुफा में गया और चूँकि वहाँ कोई मुझे देख नहीं रहा था, मैंने नारियल तोड़ दिया।"

दूसरा जिज्ञासु पूर्व, पश्चिम, उत्तर और दक्षिण, सभी दिशाओं में गया। वह गुफाओं में भी गया और घने जंगलों में भी। वह पहाड़ियों के शिखरों पर भी गया, परंतु जब भी उसने सोचा कि उसे कोई नहीं देख रहा है, तो उसके भीतर से आवाज आई, "भगवान् तुम्हें देख रहे हैं।" वह देर शाम ऋषि के पास लौटकर आया और उनसे बोला, "मैं सारा दिन एक जगह से दूसरी और

वहाँ से कई जगहों पर घूमता रहा, परंतु मुझे ऐसी कोई जगह नहीं मिली, जहाँ मुझे कोई न देख रहा हो। क्योंकि मैं जहाँ भी गया, मुझे लगा कि ईश्वर मुझे देख रहा है।''

ईश्वर हर जगह है। ईश्वर हमारे एक-एक विचार, एक-एक शब्द और एक-एक कृत्य की खबर रखता है।

''ऐसी कोई जगह, ऐसा कोई कोना नहीं है, जहाँ ईश्वर न हो। दुष्टों और सज्जनों, सब पर उसकी बराबर नजर है।''

—जे.पी. वासवानी

व्यावहारिक सुझाव

- अपनी आँखें बंद करें और धीमे स्वर में दोहराएँ—
  ''ईश्वर है! ईश्वर मुझे देख रहा है! ईश्वर मुझ पर नजर रख रहा है!''
- इसे रोज की आदत बना लें और 'उस' की उपस्थिति तथा आपके साथ जो कुछ भी हो रहा है, उसमें 'उस' की करुणा और प्रेम से भरी छाया को महसूस करें।

□

13

जैसा करोगे वैसा भरोगे

भारतीय संस्कृति की चिरकालीन परंपरा के अनुसार, घर की बहू से यह अपेक्षा की जाती है कि वह परिवार के बड़ों का सम्मान करे, उनकी आज्ञा माने और उनकी सेवा करे। एक धनाढ्य व्यवसायी के ऐसे ही घर में नवागत बहू अपने ससुर के पाखंड से बहुत निराश और दु:खी हो गई। उस व्यवसायी ने एक समाजसेवी होने का मुखौटा पहन रखा था, पर वास्तव में वह एक घटिया और कंजूस आदमी था। समाजसेवा और दान-पुण्य के नाम पर वह घर की अनुपयोगी, अनचाही चीजें, सड़ा हुआ अनाज और घटिया दरजे का भोजन गरीबों और जरूरतमंदों में बाँट देता था। बहू अच्छे संस्कारों वाली युवती थी। उसने भगवान् से प्रार्थना की कि वे उसे ऐसा अवसर प्रदान करें कि वह अपने ससुर को सही रास्ते पर ले आए।

एक दिन उसकी सास शहर से बाहर गई थी, जिससे उसे अपने ससुर को भोजन परोसने का अवसर मिला। बहू ने उसी घटिया गेहूँ के आटे की चपातियाँ बनाईं, जो दान-पुण्य के एक और 'प्रदर्शन' में गरीबों में बाँटा जाना था। स्वाभाविक रूप से चपातियाँ कड़ी और बदरंगी बनीं। जब व्यवसायी को खाना परोसा गया तो उसने ध्यान दिया कि चपातियाँ उस गुणवत्ता वाले आटे की नहीं बनी थीं, जिसका वह आदी था। उसे अचरज हुआ कि बहू ने उसे इतनी घटिया दरजे की चपातियाँ क्यों परोसी थीं। गुस्से से भरे व्यवसायी ने बहू को बुलाया और उसे डाँटा।

"तुम जानती हो, मैं कौन हूँ? मैं इस घर का मुखिया हूँ।" उसने कहा।

"हाँ, मैं जानती हूँ।" बहू ने जवाब दिया।

"फिर तुमने घटिया आटे की चपातियाँ क्यों परोसीं?" उसने पूछा। "मैं एक रईस आदमी हूँ। मैं बढ़िया-से-बढ़िया खाने का खर्च उठा सकता हूँ। तुम मुझे ऐसा खाना खिला रही हो, जैसे मैं कोई भिखारी हूँ।"

बहू ने जवाब दिया, "माननीय ससुरजी, जो कुछ आप दूसरों को देते हैं, किसी दिन वही लौटकर आपके पास आता है। बेहतर होगा कि आप इन चपातियों को खाने की आदत डाल दें, क्योंकि यही अनाज आप दूसरों को दे रहे हैं। आपके कर्मों के फल के रूप में देर-सवेर वह आपके पास लौटने ही वाला है।"

व्यवसायी अवाक् रह गया; उसने जो कुछ सुना था, वह उसे अच्छा नहीं लगा, परंतु उसने जल्द ही बहू के शब्दों की सच्चाई को समझ लिया।

"जो व्यक्ति राख को उछालकर फेंकता है, वह उसी का चेहरा खराब कर देती है।"

—योरूबा कहावत

व्यावहारिक सुझाव

- आज आप जो भी करें, उसे इस एहसास के साथ करें, आपकी हर सोच, हर अनुभूति और हर कृत्य वे बीज है, जिन्हें आप अपने जीवनरूपी खेत में बो रहे हैं। आप जैसा बोएँगे, वैसा काटेंगे। अगर मीठे फल खाना चाहते हैं, तो अच्छे बीज बोएँ।
- कुछ भी सोचने, अनुभव करने या काम करने से पहले अपने आप से पूछें—क्या आप चाहेंगे कि आपके साथ भी ऐसा ही हो? यह सवाल स्वत: ही आपके कृत्यों को सही दिशा में ले जाएगा।

□

14

बस पाँच मिनट से ज्यादा नहीं!

डेविड ब्रेनर ने अमेरिका के कठोर मनोरंजन उद्योग में अपनी जगह बना ली थी। वह एक टी.वी. कार्यक्रम का प्रस्तुतकर्ता बन गया और उसके बहुत से प्रशंसक थे।

जब वह एक जानी-मानी हस्ती बन गया, उसने भौतिकी के प्रोफेसर डॉ. जेकब्स को कृतज्ञतापूर्वक याद किया। अपनी युवावस्था में ब्रेनर को एक 'ऊधमी' विद्यार्थी माना जाता था, जो अपनी मजेदार शरारतों और चुटकुलों से अकसर अपनी कक्षा में हो-हल्ला मचाता रहता था। डॉ. जेकब्स ने अपने इस ऊधमी छात्र से एक सौदा किया कि वे प्रत्येक क्लास के पहले पाँच मिनट ब्रेनर को देंगे, जिसके दौरान वह चुटकुले सुना सकेगा या कोई और मजाकबाजी या जो चाहे कर सकेगा, परंतु केवल पाँच मिनट के लिए! उन पाँच मिनटों के बाद ब्रेनर अपनी सीट पर बैठेगा, शांत रहेगा और दूसरे छात्रों की तरह पढ़ाई पर ध्यान देगा।

ब्रेनर को अब तक याद था कि उसके भौतिकी के प्रोफेसर क्लास लेने से पहले यह घोषणा करते थे, "देवियो और सज्जनो, फिजिक्स 101 डेविड ब्रेनर की खास कॉमेडी और मसखरापन प्रस्तुत करते हुए गर्व अनुभव करता है।"

डॉ. जेकब्स ने अपने शरारती छात्र की ऊर्जा को उपयुक्त दिशा दी और साथ ही उसे नियंत्रण में रखने में सफल रहे। इसमें कोई आश्चर्य नहीं कि ब्रेनर उन्हें हमेशा प्यार और कृतज्ञता से याद करता था।

एक व्यक्ति की अंतर्निहित क्षमताओं का पता लगाएँ और उन्हें विकसित करने के लिए उसे प्रोत्साहित करें। विश्व की कुछ महानतम प्रतिभाएँ उन्हें धैर्यपूर्वक समझने के बाद खोजी गई थीं और उससे भी अधिक धैर्यपूर्वक प्रयासों के बाद विकसित की गई थीं।

''एक अच्छा नेता वह है, जो अपने अनुयायी को बताए कि वह अंतर्निहित संभावनाओं को कैसे हासिल कर सकता है। एक महान् नेता वह है, जो अपने अनुयायी द्वारा स्वयं ही अपनी संभावनाओं का पता लगाने में उसकी मदद करे।''

—बो बेनेट

व्यावहारिक सुझाव

- आपके अपने बच्चे या भतीजे-भतीजियाँ हो सकते हैं। उनकी प्रतिभा को पहचानें, उनके रचनात्मक कौशल को विकसित करने के लिए योजना बनाएँ और उसे क्रियान्वित करें। सबसे बढ़कर, उनकी क्षमताओं के विकास के लिए उन्हें ठोस सलाह दें और प्यार से, मगर मजबूती से उनका मार्गदर्शन करें।

□

15

ला गार्डिया का फैसला

ला गार्डिया एक प्रख्यात और प्रतिष्ठित राजनेता थे। वे न्यूयॉर्क के पूर्व मेयर थे। एक बार जब वे पुलिस कोर्ट की अध्यक्षता कर रहे थे, एक काँपते हुए बूढ़े आदमी को उनके सामने लाया गया। उसका गुनाह यह था कि उसने एक डबलरोटी चुराई थी, क्योंकि उसका परिवार भुखमरी का शिकार था।

ला गार्डिया ने केस के बारे में पुलिस का बयान सुना। फिर वे उस बूढ़े आदमी की ओर मुखातिब हुए। "मुझे तुम्हें सजा देनी होगी," उन्होंने उससे कहा, "कानून को अपना क़ाम करना पड़ता है और इसमें कोई अपवाद नहीं होता। मुझे तुम पर दस डॉलर का जुर्माना लगाना होगा।"

दस डॉलर! वह बूढ़ा स्तंभित रह गया। उसके पास तो दस सेंट भी नहीं थे।

हमेशा की तरह शांत ला गार्डिया ने आगे कहा, "चूँकि दस डॉलर तुरंत अदा किए जाने हैं, मैं खुद तुम्हें यह राशि दूँगा।" अपनी जेब में हाथ डालकर उन्होंने दस डॉलर का एक नोट निकाला और उसे गुल्लक में डाल दिया। "और अब मैं तुम्हें उस जुर्माने से छूट देता हूँ।"

अब वे एक बड़ी संख्या में कोर्ट में उपस्थित लोगों से मुखातिब हुए, जो आश्चर्य से उनकी ओर देख रहे थे। "इसके अतिरिक्त मैं इस अदालत में

उपस्थित सभी लोगों पर पचास सेंट का जुर्माना लगाता हूँ—एक ऐसे शहर के निवासी होने के लिए, जहाँ एक आदमी को खाने के लिए डबलरोटी चुरानी पड़ती है।''

इन शब्दों के साथ उन्होंने अपने कारिंदे को वहाँ मौजूद प्रत्येक व्यक्ति से पचास सेंट का जुर्माना वसूल करने का आदेश दिया।

इस उद्देश्य से एक टोपी को लोगों के बीच घुमाया गया और जो 47.50 डॉलर इकट्ठे हुए, वे उस बूढ़े आदमी को दे दिए गए, जो आजाद और खुश होकर अदालत से चला गया।

ला गार्डिया न केवल एक राजनेता और सम्मानित लोकनायक थे; वे यथार्थ में अति सुसंस्कृत व्यक्ति भी थे।

''मेरा धर्म बहुत सीधा-सादा है। मेरा धर्म है—दयालुता।''

—दलाई लामा

व्यावहारिक सुझाव

- जब आप किसी व्यक्ति को दर्द से कराहता देखें, उसका दर्द साझा करने के लिए अपनी व्यस्त दिनचर्या में से कुछ पल निकालें। अपने आपको उसकी स्थिति में रखकर देखें और उसका दर्द महसूस करें। आपके मन में सहज रूप से उसकी मदद करने की इच्छा जागेगी।
- अपनी अंतरात्मा की आवाज सुनें।
- इस आवाज के अनुसार कदम उठाने का साहस पैदा करें।
- इस बात से बेपरवाह कि अन्य लोग क्या कर रहे हैं, क्या कह रहे हैं, आगे बढ़कर पीड़ित व्यक्ति की सहायता करें।

□

16

खुद को आजाद करें

तीन आदमी थे, सभी जबरदस्त पियक्कड़। एक रात भारी मात्रा में शराब पीने के बाद वे घूमते-घामते समुद्रतट पर चले गए। वहाँ उन्होंने जेटी पर एक नाव देखी।

"चलो, नाव से सैर करते हैं," एक शराबी ने सुझाया। उसके दोस्त तुरंत तैयार हो गए। वे नाव पर सवार हुए और पैडल मारने लगे। सारी रात वे पैडल मारते रहे। वे थककर चूर हो गए। नशे की हालत में वे सोच रहे थे कि उन्होंने समंदर में मीलों दूर तक यात्रा की है। परंतु सुबह, सूरज चढ़ने के बाद, जब उनकी आँखें खुलीं तो उन्होंने देखा कि उनकी नाव एक इंच भी आगे नहीं बढ़ी थी। वे अब भी घाट पर ठीक उसी जगह पर थे, जहाँ से उन्होंने पैडल मारना शुरू किया था। नाव अब भी मजबूती से जेटी से बँधी हुई थी।

मानव की दशा भी उन शराबियों जैसी ही है, जो नाव की रस्सी खोले बिना ही सारी रात पैडल मारते रहे।

खुद को आजाद करें। मायारूपी इस जगत् से अपनी रस्सी तुड़ा लें। मुक्त हो जाएँ और मुक्ति का परमानंद अनुभव करें।

"(मायारूपी) इस जगत् को छूट जाने दें, सारे काम बन जाएँगे। जो ऐसा कर लेते हैं, वे दुनिया जीत लेते हैं। किंतु जब आप बाँधने की चेष्टा पर चेष्टा करते हैं तो जगत् विजय से परे है।"

—लाओत्से

व्यावहारिक सुझाव

- हमारी इच्छाएँ हमें चेतना के नए, जीवंत और खूबसूरत स्तर को खोजने से रोके रखती हैं। जब हम सीढ़ियाँ चढ़ते हैं तो एक-एक सीढ़ी चढ़ते हैं। हम निचली सीढ़ी को त्यागकर ऊपर की सीढ़ी चढ़ते हैं, इसी प्रकार उच्चतर लोक में विचरण करने के लिए हमें इच्छारूपी निचली सीढ़ियों को त्यागना होता है। हम स्वयं को इच्छाओं से मुक्त कैसे कर सकते हैं? निचले स्तर की इच्छाओं से मुक्त होने के लिए हमें उच्चतर शक्ति से अनुराग उत्पन्न करना होगा।
- आज आप ईश्वर से प्रार्थना करें कि वह आपके मन में उसके लिए विशुद्ध प्रेम और भक्ति दें ताकि इस जगत् की मोहिनी माया आपको भटका न सके।

□

17

सच्चा दोस्त कौन है?

यहूदी तालमूद (विधि-संग्रह) में एक आदमी की कहानी दी गई है, जिसके तीन दोस्त थे—उनमें से दो को वह बहुत प्यार करता था, परंतु तीसरे को वह बहुत ज्यादा नहीं मानता था।

एक दिन, उस आदमी को राजदरबार में उपस्थित होने का आदेश मिला। सम्मन मिलने से बुरी तरह घबराए, उस आदमी ने अपने दोनों प्रिय मित्रों से याचना की कि वे उसके साथ राजदरबार चलें और उसके मुकदमे की पैरवी करें।

पहले दोस्त ने उसके साथ जाने से साफ इनकार कर दिया। दूसरे ने कुछ रहम किया और उसके साथ जाने के लिए तैयार हो गया, पर दरबार के प्रवेश द्वार तक, उसके आगे नहीं।

उनके इनकार करने से स्तंभित उस आदमी ने झिझकते हुए अपने उस दोस्त से कहा, जिसे वह कम नजदीकी समझता था। उसके आश्चर्य का ठिकाना नहीं रहा, जब उसका यह दोस्त न केवल उसके साथ दरबार तक जाने के लिए तैयार हो गया, बल्कि उसने राजा के सामने इतने प्रभावशाली तरीके से अपने दोस्त का बचाव किया कि उसे बरी कर दिया गया।

तालमूद की यही कहानी 'एवरीमैन' नामक एक पुराने नीति-आधारित अंग्रेजी नाटक में दुबारा लिखी गई है। मृत्यु की ओर से 'एवरीमैन' को ईश्वर के सम्मुख उपस्थित होने का बुलावा आता है। उसकी 'मित्र' धन-संपदा, जिसे

वह सबसे ज्यादा प्यार करता था, यात्रा के पहले चरण तक भी उसके साथ नहीं जा सकती थी। उसका दूसरा 'मित्र' अर्थात् उसका परिवार और उसके रिश्तेदार केवल उसकी कब्र तक साथ आ सकते थे, पर वे दिव्य न्यायाधीश के सामने उसका बचाव नहीं कर सकते थे। यह तीसरा 'मित्र' ही था, जिसे वह बहुत ज्यादा नहीं मानता था—उसके सत्कर्म, जो ईश्वरीय न्यायालय तक उसके साथ रहे, जिसने उसका बचाव किया और उसे छुड़वाया।

"अपने जीवन को सत्कर्मों की एक माला बनाएँ।"

—गौतम बुद्ध

व्यावहारिक सुझाव

- जब आप रात को सोने की तैयारी करें, बैठकर अपनी सारी धन-संपदा पर गौर करें। देखें कि दुनिया की नजरों में आपकी हैसियत क्या है? कागज पर आपकी नकद राशि, गहनों, भवनों, गाड़ियों और अन्य संपत्तियों की सूची बना लें। फिर अपने सभी प्रिय व्यक्तियों, परिवार और मित्रगणों को भी उस सूची में शामिल कर लें। अब अपनी आँखें बंद करके एक सरोवर की कल्पना करें। अब आप उस सरोवर की ओर निहार रहे हैं। वह बिल्कुल शांत है।
- सरोवर के जल के प्रतिबिंब में आप अपनी सभी भौतिक संपदाओं को देखते हैं। उनमें से प्रत्येक को आप छूने का प्रयास करें, आपके हाथों में तरंगों के सिवाय कुछ न आएगा। यह एक महान् अनुभव है।
- सब कुछ मिथ्या है और आप उसे पकड़ने की कोशिश कर रहे हैं, जो आपके मन के शांत सरोवर में केवल तरंगें पैदा करता है।
- इन बिंबों को मन में बसाए रखिए और बार-बार उन पर चिंतन कीजिए।

□

18

सबसे बड़ी संपदा

एक प्रतिष्ठित चित्रकार था, जिसकी कलाकृतियों की करोड़पति कला संग्रहकर्ताओं के बीच भारी माँग थी। एक दिन कोई चोर उसके स्टूडियो में घुसा और उसकी नवीनतम अनूठी रचना को चुरा ले गया। चित्रकार ने अपने कंधे उचकाकर इस घटना को भुला दिया। अगले दिन जब उसके मित्र उससे सहानुभूति जताने के लिए उसके घर पहुँचे तो उन्होंने उसे हमेशा की तरह अपने बगीचे में प्रफुल्लित मुद्रा में पाया।

"आप कैसे इतना शांत और अविचलित रह सकते हैं?" उन्होंने उससे पूछा, "आपकी जो कलाकृति चोरी हुई है, उससे शायद आपको लाखों डॉलर का नुकसान हुआ होगा।"

"आपको भारी हानि हुई है।" उसके एक बैंकर मित्र ने कहा।

"आपको गलतफहमी हुई है," चित्रकार ने कहा, "मेरा एक चित्र चोरी हो गया है। परंतु वह चित्र मेरी अमूल्य संपदा नहीं था। मेरी अमूल्य संपदा यहीं मेरे पास है।" अपने सिर की ओर इशारा करते हुए उसने कहा, "मेरी असली अमूल्य संपदा यह है, जिसने मेरे सभी चित्रों की रचना में मेरी सहायता की है। और भी कई चित्र इस कारखाने से निकलने की प्रतीक्षा में हैं।"

सकारात्मक सोच ही इंसान की सबसे बड़ी संपदा है।

"धारणा वह छोटी-सी चीज है, जिससे बहुत अंतर पड़ता है।"

—विंस्टन चर्चिल

व्यावहारिक सुझाव

- अपनी सभी प्रतिभाओं और गुणों की एक सूची बनाएँ। ये आपकी नियामतें हैं। क्या आपके भीतर कोई ऐसी रचनात्मकता है, जिसका अब तक उपयोग नहीं हुआ है; जैसे—गायन, पेंटिंग, बागवानी, वाद्य वादन इत्यादि। इन्हें विकसित करने और उनका आनंद लेने के लिए उनके लिए समय निकालें, कम-से-कम हफ्ते में एक बार।

□

19

जीने की सच्ची कला

एक व्यावसायिक अधिकारी वायुयान से प्रशांत महासागर के पार लंबी दूरी की यात्रा कर रहा था। एक छोटा सा लड़का उसके बगल में बैठा था, जो छुट्टियों में अपने घर जा रहा था। दुपहर का बढ़िया भोजन करने के बाद यात्री ऊँघ रहे थे, विमान चालक की ओर से एक आवश्यक सूचना आई कि वे अपनी-अपनी सीट-बेल्ट बाँध लें, क्योंकि वायुयान तूफानी मौसम, भारी वर्षा और तेज हवाओं का सामना करनेवाला है। विशाल आकार और शक्तिशाली इंजिन के बावजूद वायुयान बुरी तरह डोल रहा था।

बालक बुरी तरह डर गया और उसने व्यवसायी की बाँह को कसकर पकड़ लिया। उसे हिम्मत बँधाने के लिए व्यवसायी ने भी बालक के सिर को हौले से थपथपाया।

''आपको डर नहीं लगता?'' बालक फुसफुसाया। तभी विमान ने अचानक गोता लगाया।

''नहीं!'' उस आदमी ने हँसकर कहा, ''हवाई सफर का यही तो असली मजा है। क्या तुम्हें मजा नहीं आ रहा?''

बालक के चेहरे पर तुरंत ही परिवर्तन देखने में आया। उसका डर व तनाव खत्म हो गया और विमान के गोता लगाने तथा डोलने पर अब वह भी हँसने व किलकारियाँ मारने लगा।

व्यवसायी ने उस बच्चे को जीने की कला का एक महत्त्वपूर्ण पाठ सिखाया था।

"जीवन में आपके साथ जो कुछ घटित होता है, वह जीवन का केवल 10 प्रतिशत भाग है। 90 प्रतिशत भाग इस पर निर्भर करता है कि आप उस पर कैसी प्रतिक्रिया व्यक्त करते हैं।"

—चार्ल्स आर. स्विंडल

व्यावहारिक सुझाव

- क्या कभी आपने बंजी जंपिंग या पैरासेलिंग का रोमांच अनुभव किया है? इसके लिए खेल के कौशल आवश्यक नहीं हैं, बल्कि खेल के दौरान भयभीत होने के बजाय सूझ-बूझ से खतरे का सामना करने से ही स्वतंत्रता तथा आनंद की अनुभूति होती है।
- चलिए हम सब वह हुनर सीखें।

□

20

सरल रहस्य

डनलप टायर्स के बारे में सबने सुना है। उनका विनिर्माण जॉर्ज सी. डनलप द्वारा किया गया था।

अपनी युवावस्था में डनलप बहुत धनवान नहीं थे। परंतु वे सच्चे दिल से एक वृद्धा की देख-भाल करते थे, जो शारीरिक रूप से अक्षम थी। छोटी-मोटी जरूरी चीजों तक पहुँचने के लिए वृद्धा का एकमात्र साधन उनकी व्हील चेयर थी और जॉर्ज अकसर उसे धकेल दिया करते थे। उन्होंने देखा कि व्हील चेयर के लोहे के पहिए जब ऊबड़-खाबड़ फर्श पर चलते थे तो गहरे झटके लगते थे जिससे वृद्धा को तकलीफ होती थी।

एक बुद्धिमान और संवेदनशील युवा जॉर्ज इस संबंध में कुछ करना चाहते थे, जिससे वृद्धा की जिंदगी आरामदायक बन सके। उन दिनों एक नए पदार्थ की बहुत चर्चा थी। लोग उस पदार्थ की कोमलता और लचीलेपन पर मुग्ध थे। वह पदार्थ कुछ और नहीं, रबर था।

डनलप ने रबर के रेशों के गुच्छे लिये और लोहे के पहियों के किनारों पर लपेटकर उन्हें कस दिया। उससे जमीन पर उन पहियों की हलचल बहुत सुगम हो गई और वृद्धा को बहुत राहत तथा आराम महसूस हुआ।

इस तरह डनलप टायर्स की कहानी शुरू हुई, जिन्हें सबसे पहले एक वृद्धा की मदद करने और उसका जीवन ज्यादा आरामदायक बनाने के लिए तैयार किया गया था, परंतु इस मदद ने जॉर्ज डनलप को करोड़पति बना दिया।

करुणा से उपजा एक साधारण सा नया विधान नवाचार दुनिया को बदल सकता है।

''अगर आप दूसरों को खुश देखना चाहते हैं, तो करुणामयी बनें और तदनुसार आचरण करें। अगर आप स्वयं खुश रहना चाहते हैं, तो भी यही करें।''

—दलाई लामा

व्यावहारिक सुझाव

- सुबह जागने पर अपने मन में चल रहे विचारों पर ध्यान दें। आपकी चिंताएँ, व्यग्रताएँ, बचे हुए काम—ये सभी आपका ध्यान आकर्षित करने के लिए परस्पर बढ़-चढ़कर शोर मचा रहे हैं। उन सभी समस्याओं को एक साथ हल कर लेने के लिए आपका दिमाग तेजी से काम कर रहा है। तुरंत रुको का बटन दबाएँ और सोचें, जो भी दीन-दु:खी मेरे सामने आनेवाले हैं, उनके प्रति मैं कितनी सहृदयता दिखाने जा रहा हूँ?
- दूसरों का दु:ख-दर्द समझने और उन्हें दूर करने के लिए मैं कितनी दूर तक जा सकता हूँ?
- अपने भीतर दूसरों की मदद करने की भावना विकसित करें। इसे अपनी रोज की आदत बना लें।

□

21

अनिवार्य यात्रा

एक धनवान उद्योगपति था, जिसकी प्रवृत्ति एक आध्यात्मिक जीवन जीने की थी। ईश्वर के दर्शन की उसकी लालसा अकसर इतनी प्रबल हो जाती थी कि उसकी आँखों से प्रेम और आकांक्षा के आँसू खामोशी से बहते रहते थे।

फिर भी, उसका जीवन विलासितापूर्ण बना हुआ था। एक दिन वह अपने बगीचे में फूलों के सौंदर्य और प्रकृति की भरपूर उदारता पर विचार करता ध्यानमग्न था कि तभी उसे एक रहस्यात्मक अनुभव हुआ। ध्यान की गहरी शांति में उसे दिव्य दर्शन हुआ। उस परिदृश्य में उसकी आगे की जीवन-यात्रा का चित्रण था। उसने देखा कि इस भौतिक जीवन-यात्रा की समाप्ति पर, वह एक दूसरी यात्रा पर निकल पड़ा था। यह यात्रा बहुत लंबी, कठिन और थका देनेवाली थी। वह एक अंतहीन यात्रा थी। रास्ते में उसे बहुत सी कठिनाइयों का सामना करना पड़ा था। भयंकर गर्मी असहनीय थी; परंतु आग उगलते सूरज से बचाव के लिए उसे एक छाता देनेवाला भी कोई नहीं था। उसे प्यास लगी थी, पर उसे बुझाने के लिए वहाँ कोई नदी-कुआँ नहीं था। वह भूखा था, पर वहाँ दूर-दूर तक खाने के लिए कुछ नहीं था।

अकूत संपत्ति का स्वामी यह व्यक्ति, इस भौतिक जीवन के समस्त सुख भोग रहा था, उसने इस नई यात्रा में अचानक स्वयं को बिल्कुल अकेला और सुविधाहीन पाया। उसे ऐसा महसूस हुआ, जैसे वह कोई अनाथ बच्चा हो, जिसे अकेला छोड़ दिया गया हो और जो अपने मार्ग से भटक गया हो। वह

परिदृश्य बहुत वास्तविक और पीड़ाजनक लग रहा था।

जब उसका यह स्वप्न टूटा, उसके माथे पर पसीने की बूँदें उभर आई थीं। तब उसे समझ आया कि जो सांसारिक सुख-सुविधाएँ वह भोग रहा था, वे केवल इस लोक की यात्रा तक उसके साथ रहेंगी—किसी दूसरे लोक में उसकी आगे की यात्रा बिल्कुल भिन्न होगी। उस क्षण, उसका सत्य से साक्षात्कार हुआ। उसने समझ लिया कि वह स्वप्न उसका विलासितापूर्ण जीवन त्यागकर वास्तविक यात्रा की तैयारी करने का सूचक है।

हममें से प्रत्येक को उस अज्ञात, अंतहीन प्रतीत होनेवाली यात्रा पर निकलना है। पर क्या हम उसके लिए तैयार हैं?

''यात्रा लंबी है; समय कम है! अगर आप अपने लक्ष्य तक पहुँचना चाहते हैं तो दौड़िए।''

—जे.पी. वासवानी

व्यावहारिक सुझाव

- कठिन लोगों और कठिन स्थितियों से निपटने के लिए पहले हमें अपने मन में कुछ समायोजन करने होते हैं।
- समायोजन की इस भावना के साथ विकसित होने के लिए जब भी आपके मन में कोई नकारात्मक विचार आए, उसे तुरंत ही सकारात्मक विचार में बदल दें।
- जब भी आपके मन में क्रोध या नाराजगी की भावना पैदा हो, तुरंत ही अपने मन को सहानुभूति और करुणा की दिशा में ले जाएँ।
- जब भी आपके मन में ईर्ष्या का भाव उत्पन्न हो, उसे दूसरों के लिए समृद्धि की कामना से प्रतिस्थापित कर दें।
- जब भी आपके मन में लालच की भावना घर करे, उसकी जगह कृतज्ञता के भाव को स्थान दें।
- जब आप दूसरों के गुण-दोषों को आँक रहे हों, उन विचारों को स्वीकार्यता और समझ के विचारों में परिवर्तित कर लें।

□

22

ईश्वर–प्रेम की खातिर काम करें

मिलान के गिरजाघर के ऊपरी गलियारों में उत्कृष्ट सफेद संगमरमर पर बहुत से संतों की मूर्तियाँ बनी हुई हैं। उन अनुपम कलाकृतियों का समर्पित मूर्तिकार उस समय अपने काम में व्यस्त था, जब उसका एक मित्र उससे मिलने आया।

''मैं यह समझ नहीं पाता कि तुम इस तरह के स्थान पर अपना कलात्मक श्रम क्यों बर्बाद कर रहे हो। इतनी ऊँचाई पर स्थित इन अनदेखे गलियारों में तुम्हारी बनाई हुई मूर्तियों को देखने कोई नहीं आएगा। इसलिए तुम्हारी कलाकृतियों को वैसी सराहना नहीं मिल पाएगी, जिसकी वे हकदार हैं। क्या यह दुर्भाग्यपूर्ण नहीं है?''

''मेरे लिए इतना ही काफी है कि तुम उनका महत्त्व समझते हो।'' कलाकार ने मुस्कराते हुए कहा।

''और अगर मैं तुम्हारी मूर्तियाँ देखने के लिए इतनी सीढ़ियाँ चढ़कर यहाँ न आया होता तो क्या होता?'' उसके मित्र ने पूछा।

''मेरे दोस्त,'' कलाकार ने कहा, ''यह तो तय है कि ईश्वर और उसके देवदूत उन्हें देख चुके होंगे और इतना काफी है।''

"आप जो कुछ भी करें, ईश्वर को ध्यान में रखकर करें। काम वेतन के लिए नहीं, ईश्वर-प्रेम की खातिर करें।"

—जे.पी. वासवानी

व्यावहारिक सुझाव

- जब आप स्वयं को असुरक्षित महसूस करें, जब आपको लगे कि कोई भी आपको प्यार नहीं करता, जब आप भयभीत हों, जब आपको लगे कि कोई भी आपकी बात समझने की कोशिश नहीं कर रहा है, जब आप किसी चुनौती का सामना करने में स्वयं को असमर्थ पाएँ, तो इस बात को अपने मन से ओझल न होने दें कि ईश्वर आपके आस-पास ही उपस्थित है। उसकी उपस्थिति को महसूस करें, उसका हाथ थामें और वह आपको कभी निराश नहीं करेगा।

□

23

राष्ट्र के लिए बलिदान

जब लाल बहादुर शास्त्री भारत के प्रधानमंत्री थे, एक पड़ोसी देश द्वारा बिना उकसाए किए गए हमले के कारण देश के सामने एक भारी संकट खड़ा हो गया था। उन दिनों, भारत उभरती हुई आर्थिक शक्ति नहीं था, जैसे आज है तब हमारा देश गरीब देश था और एक बढ़े हुए रक्षा बजट के कारण अन्य खर्चों के लिए धन की भारी कमी हो गई थी।

लाल बहादुर शास्त्री न केवल ईमानदार और दूरद्रष्टा राजनेता थे, वे एक सच्चे गांधीवादी भी थे—उत्कृष्ट चरित्रवाले पुरुष। उन्होंने राष्ट्र परिवारों, व्यावसायिक प्रतिष्ठानों, श्रमिकों और किसानों से अपील की कि वे हफ्ते में एक बार खाना न खाएँ; इस उद्देश्य से उन्होंने पूरे राष्ट्र के लिए एक समय तय किया सोमवार रात, ताकि उस सामूहिक उपवास से बचाया गया धन उस कोष में जा सके, जिसे तब राष्ट्रीय रक्षा कोष कहा गया था। हर सोमवार को होटल्स, रेस्तराँ, कैंटींस और अल्पाहार गृह शाम छह बजे बंद हो जाते थे। यहाँ तक कि रेलवे-भोजनालय भी कोई खाद्य पदार्थ नहीं परोसते थे। सोमवार की रात करोड़ों घरों में चूल्हा नहीं जलता था; दादा-दादी, माता-पिता, युवक और युवतियाँ, छात्र-छात्राएँ, यहाँ तक कि छोटे बच्चे भी एक राष्ट्रीय लक्ष्य के लिए व्यक्तिगत बलिदान कर गर्व महसूस करते थे।

"जो खुशी से फेंकी जाने वाली वस्तु का दान देता है वह उदार नहीं है, उदारता का मूल तो आत्म-बलिदान में है।"

—हेनरी टेलर

व्यावहारिक सुझाव

- कभी-कभी विलासितापूर्ण जीवन और फिजूलखर्ची का त्याग करके देखिए।
- जानिए कि पैदल चलना, बस में सफर करना, टी.वी. या ए.सी. के बिना रहना, सादा भोजन करना, अपनी मनपसंद चॉकलेट या मिठाई का त्याग करना कैसा लगता है। यह आपको इस तथ्य के प्रति जागरूक करेगा कि वंचित लोग किस तरह से जीते हैं। इससे आप में अनुशासन और कृतज्ञता के समृद्ध मूल्य विकसित होंगे।

□

24

माँ, मुझे आपकी जरूरत है

"माँ, प्लीज मेरे साथ खेलो न!" नन्ही दीपा ने याचना की। उसकी माँ अपने बॉस के लिए कंप्यूटर पर एक प्रोजेक्ट रिपोर्ट तैयार करने में व्यस्त थी।

"अभी नहीं बिटिया," उसने दीपा से कहा, "माँ अभी बहुत व्यस्त है।"

"आप हमेशा इतना व्यस्त क्यों रहती हो?"

"क्योंकि मुझे बहुत सारा काम करना होता है।"

"आपको इतना काम क्यों करना पड़ता है?"

"ताकि मैं बहुत सारा पैसा कमा सकूँ।"

"हमें इतने पैसों की जरूरत क्यों है?"

"ताकि तुम्हें अपनी मनपसंद चॉकलेट, आइसक्रीम, केक और मिठाइयाँ मिल सकें।"

"ओह, पर अभी मुझे भूख नहीं लगी है, माँ! तो क्या हम थोड़ी देर खेल नहीं सकते?"

अपने बच्चे की जरूरतों को समझें; अपने बच्चे की भावनाओं और इच्छाओं का आदर करें।

"बच्चे आपको उन भौतिक सुख-सुविधाओं के लिए याद नहीं रखेंगे, जो आपने उन्हें उपलब्ध कराई हैं, बल्कि इसलिए याद रखेंगे कि आपने उनकी भावनाओं का ध्यान रखा।"

—ब्रूस बार्टन

व्यावहारिक सुझाव

- अपने पेशेवर जीवन और व्यक्तिगत जीवन में संतुलन बनाकर चलें। नौकरी में अतिरिक्त पदोन्नति और विशेष सुविधाएँ पाने के लिए मूल्यवान मानवीय संबंधों और प्रेम बंधनों का बलिदान न करें।

□

25

असंभव बना संभव

कहा गया है कि अगर मनुष्य कोई काम करने की ठान ले, तो वह सारी बाधाओं को पार कर सकता है। संकल्प के अदम्य जज्बे से लगभग हर चीज हासिल की जा सकती है।

पेन्सिल्बेनिया के डेविड डब्ल्यू. हार्टमेन अपनी दृष्टि खो चुके थे, उस समय वे केवल आठ वर्ष के थे। उन्होंने हमेशा चिकित्सा की पढ़ाई करने का सपना देखा था; परंतु जिस मेडिकल स्कूल में प्रवेश के लिए उन्होंने आवेदन किया था, उसने यह कहते हुए उन्हें बुरी तरह हतोत्साहित किया कि कोई भी दृष्टि-बाधित छात्र कभी चिकित्सा की पढ़ाई पूरी नहीं कर पाया था।

हार्टमेन ने नकारात्मक रवैया अपनाने से इनकार कर दिया। हिम्मत दिखाते हुए, उन्होंने चिकित्सा की पढ़ाई की पच्चीस पुस्तकों को अपने लिए ऑडियो रिकॉर्ड करवाया और उन्हें 'पढ़ने' के लिए कमर कस ली। सत्ताईस वर्ष की आयु में डेविड डब्ल्यू. हार्टमेन पहले ऐसे दृष्टिहीन छात्र बन गए, जिसने चिकित्सा की पढ़ाई पूरी की।

उनका संकल्प और दृढ़ इच्छाशक्ति उन्हें सफलता के दरवाजे तक ले गई। जब आप में अपने आदर्शों और जुनून के लिए जीने की इच्छाशक्ति होती है, तो आपके विश्वास और आत्मविश्वास की धूप असुरक्षा और अनिश्चितता की बर्फ पिघला देती है।

आप जहाँ भी जाएँ, सफलता और खुशी के फूल खिले होंगे।

"असंभव और संभव के बीच अंतर मनुष्य के संकल्प में निहित होता है।"

—टॉमी लासोर्डा

व्यावहारिक सुझाव

निम्नलिखित व्यावहारिक सुझावों को क्रियान्वित करके स्वयं में दृढ़ इच्छाशक्ति बिकसित करें।

1. ईश्वर से लगातार प्रार्थना करें कि वह आपको दृढ़ इच्छाशक्ति प्रदान करे।
2. उन लोगों के साथ कुछ समय बिताएँ, जिनमें अदम्य इच्छाशक्ति है और जो बाधाओं से हार नहीं मानते।
3. उन लोगों के बारे में पढ़ें, जिन्होंने अपने संकल्प और अथक प्रयासों से कठिनतम चुनौतियों एवं परिस्थितियों का सामना किया है।

□

26

पोल्की की तरह संवेदनशील

एक पर्यटक दिल्ली में आभूषणों की एक प्रसिद्ध दुकान में प्रदर्शित वस्तुएँ देख रहा था। उत्कृष्ट पन्ना, माणिक और हीरे की चमक से उसकी आँखें चुँधिया गई थीं। परंतु उसका ध्यान एक निस्तेज पत्थर ने आकर्षित किया।

''निश्चित रूप से वह दूसरी चीजों जितना सुंदर नहीं है।'' वह जोर से बोला।

''एक सेकंड।'' आभूषण-विक्रेता ने कहा, फिर उसने उस पत्थर को एक ट्रे में रखा और उसे अपनी हथेलियों से ढक दिया।

कुछ क्षणों बाद उसने अपनी हथेलियाँ हटाईं और वह पत्थर चमकदार तथा सुंदर लगने लगा। ''यह पोल्की है,'' आभूषण-विक्रेता ने बताया, ''यह एक संवेदनशील रत्न है। इसकी कांतिमय सुंदरता उभारने के लिए इसे मानवीय हाथ का स्पर्श चाहिए।''

क्या यह उन भावनाओं के समानांतर नहीं है, जो हम अपने आसपास के लोगों के साथ साझा करते हैं? जो हार्दिकता, स्नेह और प्रेम हम उन्हें देते हैं, वही सभी मानवीय संबंधों में छिपी सुंदरता उभारते हैं और हमारे मन खुशी से भर देते हैं।

"हमें जीवन में प्राप्त होने वाली ठोस और कुछ स्थायी प्रसन्नता का नब्बे प्रतिशत श्रेय स्नेह को ही जाता है।"

—सी.एस. लुइस

व्यावहारिक सुझाव

- यह पीठ थपथपाने या बाँह पर हल्के से हाथ रख देने जितनी साधारण बात हो सकती है। ये कृत्य छोटे हो सकते हैं, पर इस विषय में किया गया शोध यह प्रमाणित करता है कि भावनाएँ संप्रेषित करने में स्पर्श एक सशक्त माध्यम है।
- खुद को बिल्कुल अकेला महसूस कर रहे व्यक्ति को गले लगाएँ या उस व्यक्ति से हाथ मिला लें, जिसकी आप कुछ समय से उपेक्षा कर रहे थे। आप उसकी आँखों में खुशी की चमक देखेंगे और अपने भीतर भी वही पाएँगे।

□

27

मैं खुश हूँ कि मैं अनपढ़ हूँ

प्रतिष्ठित मानवतावादी और नोबेल पुरस्कार विजेता डॉ. अल्बर्ट श्वाइट्जर ने अपना राहत कार्य अफ्रीका के भीतरी जंगल के लैम्बरेन क्षेत्र में शुरू किया था। केवल अपने दम पर मेहनत करते हुए वे पेड़ों को गिराते और लकड़ी के भारी गट्ठों को अपने मजबूत कंधों पर उठाकर ले जाते। उन्होंने अकेले ही लकड़ी के मोटे-मोटे लट्ठों के सहारे अस्पताल का भवन खड़ा कर लिया।

एक दिन, जब वे कुछ ज्यादा ही भारी लट्ठे को उठाने का प्रयास कर रहे थे, उन्होंने पास में ही एक हब्शी को देखा।

उन्होंने उसे पुकारा, "भाई, क्या तुम मेरी मदद कर सकते हो?"

"ऐ मिस्टर," उसने अक्खड़ता से जबाव दिया, "क्या आप जानते नहीं, मैं एक पढ़ा-लिखा आदमी हूँ?"

डॉ. श्वाइट्जर मुस्कराकर बोले, "मैं खुश हूँ कि मैं एक पढ़ा-लिखा आदमी नहीं हूँ।"

"जब हम विनम्रता के शिखर छू रहे होते हैं, तब हम महानता के निकटतम होते हैं।"

—रवींद्रनाथ टैगोर

व्यावहारिक सुझाव

- ज्ञान और शिक्षा का अहंकार त्याग कर 'न जानने' की सुंदरता तथा सादगी का आनंद उठाइए। कभी–कभी किसी अशिक्षित आदमी की बातें सुनने के लिए समय निकालिए। संभवत: जीवन के बारे में उसकी समझ इतनी गहरी हो सकती है कि आपने भी कभी नहीं सोचा होगा; और इस प्रक्रिया में आपका अहंकार कुछ कम हो जाएगा।

28

ततः किम? (फिर क्या?)

एक प्रतिष्ठित शिक्षाविद् एवं विचारक मुंबई से दिल्ली की यात्रा कर रहे थे और उनका सहयात्री एक होनहार, सुदर्शन इंजीनियर था, जो एक बहुराष्ट्रीय कंपनी में अपनी पहली नौकरी के इंटरव्यू के लिए दिल्ली जा रहा था। उन दोनों में सहज ही दोस्ती हो गई और उनके बीच कई मुद्दों पर दिलचस्प वार्त्तालाप हुआ।

"आपकी योजनाएँ क्या हैं?" वरिष्ठ सज्जन ने अपने युवा मित्र से पूछा, "आप जैसा होनहार लड़का वह सब हासिल कर सकता है, जिस पर उसका मन टिक जाए!"

"यह तो सच है सर कि मैं काफी महत्त्वाकांक्षी हूँ।" युवक ने स्वीकार किया, "मेरी उत्कट इच्छा है कि मैं एक बहुराष्ट्रीय कंपनी में और कुछ समय तक विदेश में भी काम करूँ।"

"अच्छा, फिर उसके बाद?" वरिष्ठ सज्जन ने पूछा।

कुछ सोचते हुए युवक ने जबाव दिया, "करीब पाँच साल बाद मैं मुंबई में अपना एक घर लेना चाहूँगा। आप जानते हैं कि अगर कोई व्यक्ति अमेरिकी डॉलर में कमा रहा हो तो यह आसानी से किया जा सकता है।"

"बिल्कुल ठीक। फिर उसके बाद?"

कुछ सकुचाकर युवक बोला, "तीस की उम्र तक शादी कर लूँगा। हमारी बिरादरी में अनिवासी भारतीयों के लिए सर्वोत्तम पृष्ठभूमि और अधिकतम दहेज

के साथ सर्वोत्तम लड़कियाँ उपलब्ध हैं—मैं अपनी मनपसंद लड़की चुन सकता हूँ।''

''बहुत खूब! फिर उसके बाद?''

''ओह सर, आप तो जानते ही हैं कि फिर क्या होगा। मैं परिवार चलाऊँगा, बच्चे होंगे। और मैं उन्हें दुनिया के सर्वोत्तम स्कूल तथा सर्वोत्तम विश्वविद्यालयों में भेजने के लिए दृढ़ संकल्प हूँ। बेशक, उसमें बहुत धन खर्च होगा, परंतु सर्वोत्तम शिक्षा देने के लिए मैं दृढ़ संकल्प हूँ—उनके भविष्य के लिए वह मेरा निवेश होगा।''

''फिर, उसके बाद?''

''फिर क्या? रिटायरमेंट के बाद मोटी पेंशन लूँगा और मौज करूँगा, और क्या?''

''फिर उसके बाद?''

युवक कुछ चकरा गया। ''उसके बाद?'' उसने भावशून्यता से कहा, ''कुछ नहीं।''

मानव-जीवन में क्या यही सब कुछ है? पैसा कमाओ, शादी करो, बच्चे पैदा करो, उनकी उच्च शिक्षा पर धन खर्च करो—और उसके बाद, 'कुछ नहीं।'

''आपको दुर्लभ मानव-जन्म मिला है। जीवन के अनमोल पलों को ऐन्द्रिय सुख के पीछे नष्ट न करें।''

—शंकराचार्य

व्यावहारिक सुझाव

- जीवन क्या है? इस सवाल के बहुत सारे जवाब हैं। यह सोचने के लिए कुछ समय निकालें कि आपके लिए जीवन का अर्थ क्या है और आप उसे क्या आकार देना पसंद करेंगे।
- उसके बाद एक कदम उठाएँ; अपने सपने की ओर एक छोटा सा कदम। आपका हर कदम आपको अपने लक्ष्य की ओर ले जाएगा।

□

29

सर्वोत्तम को उजागर करें

एक दिन बालवाड़ी के नन्हे-मुन्ने बच्चों को एक असाधारण कार्य सौंपा गया। उनके शिक्षक ने उन्हें अपनी-अपनी स्लेट पर एक पत्ती का चित्र बनाने को कहा। इस दुष्कर कार्य को करने के लिए बच्चे एकाग्रचित्त होकर अपनी-अपनी डेस्क पर झुक गए; आँखों को सिकुड़ कर माथे पर शिकन, जीभ को होठों में दबाकर अपना सारा ध्यान चित्र बनाने में लगाया।

कक्षा का समय समाप्त होने पर हाथ में छड़ी लिये हुए शिक्षक कक्षा में घूम-घूमकर उनके बनाए चित्रों का निरीक्षण कर रहा था। एक लड़के ने केले के आधे पत्ते का चित्र बनाया था। उसका कहना था कि दूसरा आधा हिस्सा स्लेट के बाहर चला गया था। एक बच्चे ने हाथी का चित्र बना दिया था, क्योंकि उसने कहा, उसे हाथी बहुत पसंद थे। शिक्षक लक्ष्मण नाम के एक लड़के की डेस्क के पास रुका। उसने उसकी स्लेट उठाई और पूछा, "यह क्या है?"

"यह पीपल का पत्ता है," लड़के ने सकुचाते हुए कहा। शिक्षक ने कुछ मिनट तक उस चित्र का अध्ययन किया और फिर लक्ष्मण की ओर देखा। अब बच्चे के चेहरे पर घबराहट साफ थी; यह निश्चित जानकर कि अब तो उसे छड़ी खानी ही पड़ेगी, उसने अपनी हथेली आगे कर दी।

शिक्षक ने उसकी स्लेट ऊँची उठाई, ताकि पूरी कक्षा उसे देख सके।

"लक्ष्मण को दस में से दस अंक मिलते हैं," उसने घोषित किया। "तुम बड़े होकर एक कलाकार बनोगे!" बच्चे की पीठ थपथपाते हुए उसने कहा।

शिक्षक सही साबित हुआ। वह नन्हा सा बच्चा, जिसने वास्तविक पीपल के पत्ते जैसा सुंदर चित्र बनाया था, बाद में भारत का सबसे लोकप्रिय कार्टूनिस्ट आर.के. लक्ष्मण बना।

अपने चतुर अवलोकन, धैर्य और गहरी समझ के जरिए एक शिक्षक प्रतिभा को पहचान कर नए मानव-समाज के निर्माण में अपना योगदान दे सकता है। बच्चे की माँ और उसके शिक्षक पर बहुत कुछ निर्भर है। वे निर्माण की प्रक्रिया से गुजर रही नई दुनिया के निर्माता हैं।

"एक शिक्षक का उद्‌देश्य अपनी छवि में छात्रों को ढालना नहीं है, बल्कि ऐसे छात्र तैयार करने हैं, जो अपनी छवि निखार सकें।"

—अज्ञात

व्यावहारिक सुझाव

- दूसरों की रचनात्मकता को पहचानने और उसे प्रोत्साहित करने के लिए आपका शिक्षक होना जरूरी नहीं है। ईमानदारी से की गई सच्ची प्रशंसा एक छात्र की प्रतिभा को जाग्रत् और उजागर कर सकती है। आज से ही अपने मित्रों, सहकर्मियों और परिवारजनों की प्रतिभा पहचानना और उन्हें प्रोत्साहित करना शुरू कर दें।

□

30

राजा ने नौकर से माफी माँगी

जेम्स द्वितीय ब्रिटेन का शक्तिशाली राजा था। एक बार उसके कुछ महत्त्वपूर्ण कागजात खो गए। उन्हें खोजने के लिए उसने जमीन-आसमान एक कर दिया, पर उसे वे नहीं मिले। उसने अपने व्यक्तिगत सेवक को बुलाकर पूछा कि क्या उसने वे कागजात कहीं देखे थे।

व्यक्तिगत सेवक ने जबाव दिया, ''महामहिम, मैं उन कागजों के बारे में कुछ नहीं जानता। मैंने उन्हें कभी नहीं देखा!''

यह सुनकर राजा आग-बबूला हो गया। उसने नौकर को कसकर एक थप्पड़ लगाया और बोला, ''तुम जब भी कोई चीज इधर-उधर रख देते हो, हमेशा यही जवाब देते हो।''

वह गरीब सेवक शर्मिंदा हो गया। राजा के सामने नतमस्तक होकर उसने कहा, ''मेरे मालिक, मुझे माफ कर दीजिए।'' कागजात के गुम होने के लिए वह किसी तरह से जिम्मेदार नहीं था। परंतु वह जानता था कि राजा को उसे सजा देने का अधिकार है।

तीन दिनों के बाद, राजा का मंत्री अवलोकन के लिए कुछ दस्तावेज लेकर आया। राजा ने फाइल खोली और यह देखकर चकित रह गया कि वे बेहद जरूरी कागजात उसमें रखे थे। तब राजा को याद आया कि उसने वही कागजात इस आदेश के साथ मंत्री को भेजे थे कि वह सावधानी से उनका अध्ययन करे और उनका सारांश, उसके सामने प्रस्तुत करे। उसे यह भी याद

आया कि उन्हीं कागजात को इधर-उधर रख देने के आरोप में वह अपने व्यक्तिगत सेवक पर कितना गुस्सा हो गया था। उसने तुरंत, उस सेवक को बुलाया और मंत्री के सामने ही, राजा ने उससे माफी माँगी।

सेवक अवाक् रह गया। ''महामहिम,'' उसने अधीरता से कहा, ''आप इस देश के राजा हैं। मैं तो एक छोटा सा सेवक हूँ। मैं आपको माफ करनेवाला कौन होता हूँ?''

''नहीं-नहीं,'' राजा ने आग्रह किया, ''जब तक मेरे कठोर बर्ताव के लिए तुम मुझे माफ नहीं कर देते, ईश्वर मुझे माफ नहीं करेगा। तुम निर्दोष थे। अगर तुमने वह गलती की होती, तो भी मुझे तुम्हें थप्पड़ मारने का अधिकार नहीं था।'' राजा ने किसी तरह अपने नौकर को यह कहने के लिए मना ही लिया, ''महामहिम, मैं आपको माफ करता हूँ।''

कोई भी व्यक्ति इतना बड़ा और महान् नहीं होता कि वह माफी न माँग सके।

''कमजोर लोग किसी को माफ नहीं कर सकते। क्षमा शक्तिशाली व्यक्ति का गुण है।''

—महात्मा गांधी

व्यावहारिक सुझाव

- अगर आपसे कोई गलती हो जाए, तो उसे स्वीकार करें। यह कहना सीखें : ''आप सही थे, मैं गलत था'' या ''यह मेरी गलती थी'', ''गलती मैंने की थी।''
- यह कहना कठिन लग सकता है, पर कह लेने के बाद आप अच्छा महसूस करेंगे। अगली बार यह कहना और भी आसान होगा।

□

31

उसने अपना लक्ष्य तय कर लिया

जब अब्राहम लिंकन किशोरावस्था में थे, उन्होंने एक बार एक खेतिहर मजदूर के रूप में तीन दिनों तक कठोर शारीरिक श्रम किया था, ताकि वे उससे कमाए पैसों से 'दि लाइफ ऑफ वाशिंगटन' नामक पुस्तक की एक पुरानी प्रति खरीद सकें। उन्होंने बहुत मन लगाकर वह पुस्तक पढ़ी और अपनी एक परिचित महिला मिसेज क्रॉफर्ड से बोले, "आप जानती हैं, मैं कभी भी ये सब काम—फसल काटना, अनाज से भूसी निकालना, लकड़ी काटना इत्यादि—करना नहीं चाहता।"

"फिर तुम क्या बनना चाहते हो?" मिसेज क्रॉफर्ड ने पूछा।

"मैं (अमेरिका का) राष्ट्रपति बनूँगा," अब्राहम लिंकन ने घोषित किया, "मैं खूब पढ़-लिखकर उसके लिए तैयार रहूँगा और एक दिन वह अवसर आएगा।"

अवसर आया और अब्राहम देश का सबसे शक्तिशाली पद ग्रहण करने के लिए तैयार थे, क्योंकि उन्होंने जीवन में बहुत पहले से ही अपना लक्ष्य तय कर लिया था।

कहा गया है कि विजेता अपने लक्ष्य बनाते हैं और हारनेवाले बहाने।

"उठो! जागो! और तब तक न रुको, जब तक आप अपना लक्ष्य प्राप्त न कर लो।"

—स्वामी विवेकानंद

व्यावहारिक सुझाव

- अपना लक्ष्य तय करें। हर रोज उस लक्ष्य की दिशा में कुछ कदम उठाएँ। यह जानने के लिए अपने कृत्यों को आँकें कि क्या वे कदम आपको अपने लक्ष्य की ओर या उससे दूर ले जा रहे हैं। अपने लक्ष्य को अपने जीवन की प्रेरक शक्ति बनाएँ।

□

32

आध्यात्मिक जीवन का आधार

हसन को नदी किनारे बैठकर बहते पानी की कल-कल आवाज सुनना बहुत पसंद था।

एक दिन, वह एक नदी के तट पर बैठा था। तभी उसकी नजर एक आदमी पर पड़ी, जो एक औरत के साथ बैठा था; दोनों के बीच शराब का एक जार रखा था। उसने अपने मन में सोचा कि ये दोनों इस तरह की बेकार की गतिविधियों में अपना जीवन बर्बाद कैसे कर सकते हैं?

एक नाव जो नदी पर तैर रही थी, उसी समय अचानक डूबने लगी। तुरंत ही उस औरत के साथ शराब का सेवन कर रहा वह आदमी पानी में कूद गया और बड़ी बहादुरी से उन सात आदमियों को बचाने में जुट गया, जो डूबती नाव से कूद पड़े थे।

बहुत कठिनाई से वह उनमें से छह को बचाने में सफल हो गया। फिर हसन की ओर मुड़ते हुए उसने कहा, ''अगर तुम अपने आपको हम सब से श्रेष्ठ-पवित्र आत्मा समझते हो, तो कम-से-कम उस सातवें आदमी को बचाने की कोशिश कर सकते थे।''

यह सुनकर हसन लज्जित हो गया।

उस आदमी ने कहना जारी रखा, ''मेरे साथ जो स्त्री बैठी है, वह मेरी माँ है और उस जार में पावन जल भरा है।''

तुरंत ही हसन उसके पैरों पर गिर पड़ा और गिड़गिड़ाकर कहने लगा,

"महोदय, आपने जिस तरह छह आदमियों को डूबने से बचाया है, उसी तरह मुझ पर भी दया करें और मुझे भी अहंकार के अथाह जल में डूबने से बचाएँ।"

उस आदमी ने हसन को उठाकर गले से लगा लिया ओर बोला, "ईश्वर आपकी इच्छा पूरी करे।"

इस घटना से हसन ने विनम्रता का सबक सीखा।

"क्या आप जीवन में ऊपर उठना चाहते हैं? झुकने से शुरुआत कीजिए। क्या आप एक गगनचुंबी इमारत खड़ी करने की योजना बना रहे हैं? पहले उसकी नींव में विनम्रता मिलाएँ।"

—सेंट ऑगस्टीन

व्यावहारिक सुझाव

- इस बात को बार-बार अपने मन में बिठाते रहिए—अहंकार भ्रम मात्र है—'मैं' का कोई अस्तित्व ही नहीं है।

□

33

चलते रहो

जब कप्तान कुक और उनका दल उत्तरी ध्रुव की खोज के अपने अभियान पर निकला, वे एक भयंकर बर्फानी तूफान में फँस गए। वे अपने कैंप से मीलों दूर थे। स्वीडन के प्रकृतिवादी डॉ. सोलेंडर उनके साथ थे, उन्होंने अभियान-दल को गंभीर चेतावनी दी थी, "मैंने इस तरह के बर्फानी तूफान पहले भी झेले हैं," उन्होंने कहा। "आप लोगों को इसका अनुभव नहीं है। अब मेरी बात ध्यान से सुनो, क्योंकि आपका जीवन इस बात पर निर्भर करता है कि दृढ़ता से अपना मन वापस शिविर में लौटने पर केंद्रित करो। इन परिस्थितियों में एक मिनट का आराम भी जानलेवा साबित होगा।"

दल के सदस्य आगे बढ़ने में जी-जान से जुट गए। हालात वास्तव में भयंकर थे। कुछ लोग बुरी तरह घबरा गए। कुछ ने थककर चूर हो जाने की शिकायत की।

"चलते रहो!" गुस्सैल डॉक्टर ने आदेश दिया, "यह दिखाने का यही मौका है कि तुम किस मिट्टी के बने हो। चलते रहो।"

सच यह था कि जैसे-जैसे उनका खून ठंडा हो रहा था, वे कुछ देर आराम करने की इजाजत चाहते थे, क्योंकि उन्हें डर था कि अगर वे इसी तरह बढ़ते रहे, तो थकान से गिर पड़ेंगे। परंतु डॉक्टर जानते थे कि रुकने की इच्छा उनके शरीर में खून का प्रवाह धीमा पड़ जाने का पहला संकेत है। उसे पूरा करना मौत को बुलावा देना था। इसीलिए वे उन्हें एक पल भी आराम करने की

इजाजत नहीं दे सकते थे। इसीलिए वे उन्हें आगे बढ़ने के लिए प्रेरित करते रहे—कभी-कभी तो घूँसे मारकर या बंदूक के कुंदे से वार करके।

बर्फीली हवाओं और गिरती बर्फ के बीच दल आगे बढ़ाते रहे। तुषार उनकी चमड़ी को बेध रहा था। परंतु उनके मन अपने लक्ष्य पर केंद्रित थे। उनके हौसले मजबूत बने रहे। एक घंटा बीतने के बाद अब कोई भी आदमी रुकने की इच्छा प्रकट नहीं कर रहा था। अगर किसी को रुकने की इच्छा होती भी थी या किसी को थककर गिर पड़ने का डर लगता भी था, तो वह उसे प्रकट नहीं करता था। अपनी दृढ़ इच्छाशक्ति के सहारे वे आगे बढ़ते रहे।

कहने की जरूरत नहीं कि अभियान दल सुरक्षित अपने ठिकाने पर पहुँच गया।

जैसी दुनिया हम आज देखते हैं, ऐसे कुछ अथक स्वप्नदर्शियों द्वारा रची गई है, जिन्होंने अत्यंत विकट परिस्थितियों के बावजूद अपने लक्ष्य का पीछा करना नहीं छोड़ा।

''सारी बाधाओं, हतोत्साह और असंभावनाओं के बावजूद अपना लक्ष्य हासिल करने के लिए लगातार जुटे रहना; सभी मामलों में यही एक चीज है, जो एक सशक्त आत्मा को कमजोर आत्माओं से भिन्न बनाती है।''

—थॉमस कार्लाइल

व्यावहारिक सुझाव

- अपना एक ऐसा नकारात्मक विचार पहचानिए, जो आपको अकसर काम पूरा करने में बाधा डालता है। यदि स्वयं को तथा दूसरों को आप प्राय: कहते रहते हैं कि आप मोटे हैं तो यह दृढ़ निश्चय कर लें कि भविष्य में आप कभी ऐसा नहीं कहेंगे। यदि आप नियम तोड़ते हैं तो स्वयं को दंडित करें।

□

34

ईश्वर सबका ध्यान रखता है!

एक फ्रांसीसी की कहानी में हमें बताया गया है कि कैसे उसने नेपोलियन को नाराज कर दिया था और उसने उसे काल कोठरी में डाल दिया था। उसकी नियति को जानकर उसके मित्रों और परिवारजनों ने, उसे त्याग दिया और उसे भूल ही गए थे। नितांत अकेलेपन और निराशा में उसने कोने में पड़ा एक पत्थर उठाया और उससे दीवार पर ये शब्द लिख दिए, "किसी को मेरी परवाह नहीं है।"

एक दिन उस काल कोठरी में नमीयुक्त फर्श की दरारों से एक पौधा निकला। धीरे-धीरे वह पनपने लगा और कोठरी के ऊपरी हिस्से में बनी एक छोटी सी खिड़की से आ रहे प्रकाश की ओर बढ़ने लगा। कैदी को हर रोज बस उतना ही पानी दिया जाता था कि वह अपनी प्यास बुझा सके; वह उसमें से कुछ पानी बचाकर पौधे की जड़ों तक पहुँचा देता था, जब तक कि वह खूबसूरत नीले फूलोंवाला एक स्वस्थ पौधा नहीं बन गया। जब पौधे पर लगी कली थोड़ी सी खिली और उसकी एक पँखुड़ी खिड़की से आते प्रकाश की दिशा में डोलने लगी तो कैदी ने दीवार पर पहले लिखे शब्दों को क्रॉस करके ये शब्द लिख दिए, "ईश्वर सबका ध्यान रखता है।"

हममें से प्रत्येक का ध्यान रखने के ईश्वर के अपने तरीके हैं। वह पत्थरों को पिघला देता है, वह तूफानों को जन्म देता है, वह वर्षा की बौछार के रूप में भी आ सकता है, उसके तरीके रहस्यमय और अनोखे हैं।

"पर्वत कितना भी ऊँचा क्यों न हो, उसके आरोहण में ईश्वर आपके साथ होगा।"

—अज्ञात

व्यावहारिक सुझाव

- ईश्वर ने सावधानी से योजना बनाकर हमें जो-जो उपहार दिए हैं, हमें उसे नजरअंदाज नहीं करना चाहिए। यहाँ तक कि साधारण फल और सब्जियाँ भी सबसे प्यार करनेवाले विचारशील 'दिव्य पिता' का आशीर्वाद हैं।

□

35

सफलता का रहस्य

नेशनल इंजीनियरिंग कॉलेज में पढ़नेवाला हरी एक आलसी छात्र था। एक बहुत ही कड़ी परीक्षा उसके सिर पर थी। इसलिए उसने कॉलेज की पुस्तकालय से संबंधित इस विषय की सारी पुस्तकें जारी कराईं और उन्हें अपने घर में पुस्तकों की अलमारी में व्यवस्थित रूप से रखकर अपने दोस्तों के बीच घोषित कर दिया, ''मैं परीक्षा के लिए पूरी तरह से तैयार हूँ।''

उसके दोस्त भौंचक्के रह गए। उन्होंने उससे पूछा, ''तुम्हारी तैयारियाँ अचानक ही, लगभग रातोरात कैसे पूरी हो गईं?'' उसने बेपरवाही से जवाब दिया, ''मेरे पास परीक्षा के लिए जरूरी सारी सामग्री है।''

पुस्तकालय से सारी पुस्तकें जारी करा लेना परीक्षा के लिए पर्याप्त तैयारी नहीं है। उन्हें पढ़कर उनकी अंतर्वस्तु को आत्मसात् करने से ही आपको परीक्षा उत्तीर्ण करने में मदद मिलेगी।

कठोर परिश्रम ही सफलता की कुंजी है, चाहे आप एक संगीतकार हों या लेखक, एक खिलाड़ी या व्यवसायी, जीवन में कोई भी मुकाम हासिल करने के लिए कठोर परिश्रम ही एकमात्र उपाय है।

कठोर परिश्रम आपके सपनों को जीवंत रखता है!

''आलस्य सुखद लग सकता है, पर संतुष्टि काम से ही मिलेगी।''

—एन. फ्रैंक

व्यावहारिक सुझाव

- हम आध्यात्मिक पुस्तकों का संग्रह, पठन तथा भाषणों का श्रवण मात्र न करें। आपको उनमें बताए गए विचारों पर अमल भी करना चाहिए। गुरुदेव साधु वासवानी ने कहा, ''धर्म आपको उस पर बातें कम और अभ्यास ज्यादा करना चाहिए।''

□

36

किसी को हल्के में न लें

एक महान् अंग्रेजी कवि के बारे में मैंने पढ़ा कि वे कविताएँ लिखकर उन्हें प्रसिद्ध और प्रतिष्ठित हस्तियों को समर्पित कर देते थे। वे भी प्रसिद्ध और धनवान बन गए। साथ ही घमंडी और स्वार्थी भी। घर पर उन्होंने अपनी पत्नी के प्रति प्रेम या प्रशंसा का एक शब्द तक नहीं कहा। जब तक वह जीवित रही, वे उसके हर काम में मीन-मेख निकालते और उसकी आलोचना करते रहे। एक दिन अचानक, उनकी पत्नी का निधन हो गया। कवि शोकग्रस्त हो गए। उन्हें शर्म महसूस हुई कि पत्नी के जीते-जी वे उसकी तारीफ में कविताएँ न लिख सके। "काश, मुझे पता होता," पछतावे के तौर पर उन्होंने कहा, "काश, मुझे पता होता।"

यह सच ही कहा गया है कि जीवन बहुत छोटा है, पर तुच्छ नहीं है। इसीलिए हम छोटे मन के व्यक्ति न बनें। किसी की प्रशंसा करने और उसे प्रोत्साहन देने में उदारता दिखाएँ।

"अधिकांश मनुष्यों की सबसे बड़ी कमजोरी यही होती है कि दूसरों के जीवनकाल में वे उन्हें यह कहने में चूक जाते हैं कि वे उनसे कितना प्यार करते हैं।"

—ओलेंडो बैटिस्टा

व्यावहारिक सुझाव

- आपके प्रियजन जैसे हैं और उन्होंने जो कुछ आपके लिए किया है, उसके लिए उन्हें धन्यवाद देने का एक भी मौका न गँवाएँ। अपने समय का एक भाग उन पर यथोचित् ध्यान देने, उनसे प्यार करने और उनके काम आने में लगाएँ।

□

37

भगवान् कभी नहीं सोते

केवल चार बरस की टीना अपनी दादी के साथ सप्ताहांत का समय बिता रही थी। वे रात के समय मजे से टी.वी. देख रहे थे कि तभी आँधी-तूफान शुरू हो गया और बिजली गुल हो गई। उनका छोटा सा फ्लैट अँधेरे में डूब गया।

"मैं समझती हूँ, अब हमें सो जाना चाहिए," कुछ देर बाद दादी ने कहा। "दस बजनेवाले हैं।"

"इतना अँधेरा है और मुझे डर लग रहा है।" नन्ही टीना ने फुसफुसाते हुए कहा।

"उसका तो आसान उपाय है।" शयनकक्ष की खिड़की के परदे खोलते हुए प्रसन्न मुद्रा में दादी ने कहा। बच्ची ने आसमान में चाँद की एक झलक देखी।

"हमारी बत्तियाँ बंद हो सकती हैं," दादी ने कहा, "पर देखो, भगवान् की बत्ती जल रही है!"

" दादी," बच्ची ने कहा, "क्या चंद्रमा भगवान् की अपनी बत्ती है?"

"बेशक!"

अगला प्रश्न था, "क्या भगवान् अपनी बत्ती बंद करके सोने नहीं जाते?"

"नहीं बिटिया," दादी मुस्कराई, "भगवान् कभी नहीं सोते।"

भोलेपन और विश्वास से बच्ची ने कहा, ''फिर तो, जब तक भगवान् जी जाग रहे हैं, मुझे डरने की जरूरत नहीं है!''

''जब मैं सड़क के किनारे चल रहा होता हूँ, 'वह' मेरे साथ होता है। जब मैं 'उसे' भूलकर लोगों से घिर जाता हूँ, 'वह' मुझे कभी नहीं भूलता। रात्रि की शांतिपूर्ण गोद में, जब मेरी पलकें मुँद जाती हैं और मैं अचेतना में डूब जाता हूँ, 'उस' की सजग दृष्टि मुझ पर लगी होती है, जो कभी नहीं सोता।''

—थॉमस चाल्मर्स

व्यावहारिक सुझाव

- जब आप मन के भटकाव और अशांति से मुक्त हों, बैठकर उन सब चीजों की एक सूची बना लें, जिनमें आप विश्वास रखते हैं। उन लोगों और स्थितियों की सूची, जो अचूक, चिरस्थायी और विश्वसनीय हों।
- क्या ईश्वर या सार्वभौम मेधा उस सूची में शामिल हैं?
- इस सूची को अपने पर्स में रखें और जब भी स्वयं को भटका हुआ या असुरक्षित समझें, इस सूची का अवलोकन करें।

□

38

चौरानबे की आयु में ब्वॉयफ्रेंड्स!

अब मैं आपको एक अमेरिकी महिला की वास्तविक जीवन-कथा सुनाता हूँ, जिनके बारे में मैंने एक पुस्तक में पढ़ा था। वह एक खुशमिजाज और सकारात्मक सोच वाली लोकप्रिय महिला थीं। चौरानबे वर्ष की आयु में भी वह प्रफुल्ल और उत्साही बनी रहीं। लोगों ने उनसे पूछा, ''आपकी प्रफुल्लता का रहस्य क्या है?''

उन्होंने जबाव दिया, ''रहस्य बहुत साधारण है। यह जीवन के प्रति मेरा उत्साह है। और चूँकि मैं हमेशा सकारात्मक रूप से सोचती हूँ, मैं एक सकारात्मक इंसान हूँ।''

थोड़ा रुककर वे फिर बोलीं, ''बेशक मैं अपनी सकारात्मक सोच का श्रेय अपने ब्वॉयफ्रेंड्स को दूँगी।''

''ब्वॉयफ्रेंड्स?'' वे चकित होकर उनके चेहरे की ओर देखने लगे।

''क्या इस उम्र में भी आपके ब्वॉयफ्रेंड्स हैं?''

''हाँ-हाँ, भाई,'' उन्होंने प्रसन्न मुद्रा में कहा, ''वे आज तक मेरे वफादार पक्के साथी रहे हैं।''

''उनके बारे में हमें बताइए न।'' उनके मित्रों ने आग्रह किया।

''मैं हर सुबह अपने पहले बॉयफ्रेंड की मदद से उठती हूँ। उसका नाम है दृढ़ संकल्प (इच्छाशक्ति)। मैं अपने दूसरे ब्वॉयफ्रेंड गठिया के साथ सुबह घूमने जाती हूँ। पिछले तीस वर्षों से गठिया मेरा पक्का साथी रहा है। मेरी शामें

बेनगे नामक मलम के साथ प्रसन्नता से बीतती हैं—उसका अनुभव सुखदायी होता है।

हम जीवन के प्रति उनके नजरिए की प्रशंसा किए बिना नहीं रह सकते। महत्त्वपूर्ण बात यही है कि आप जीवन को किस तरह से लेते हैं। और इसीलिए वे चौरानबे की आयु में भी युवा हैं। इसका रहस्य? उन्होंने अपनी सारी शारीरिक और मानसिक पीड़ाओं को अपना मित्र मान लिया और विकलांगता से ग्रस्त जीवन को भी सहजता से ले लिया।

"एकमात्र विकलांगता जीवन के प्रति आपका नकारात्मक और बुरा दृष्टिकोण है।"

—स्कॉट हेमिटन

व्यावहारिक सुझाव

- जीवन में जब भी आपका सामना किसी समस्या से हो, चाहे वह बीमारी हो या रोग, आर्थिक संकट या रिश्तों की उलझनें, तो अपने मन में यह बात बिठा लें कि ईश्वर ने आपको पदोन्नत करने के लिए चुन लिया है। ऐसा समझें कि ये ईश्वर की ओर से एक विशेष उपहार है। ऐसा इसलिए कि 'वह' जानता है कि ये उपहार मिलने के बाद आपकी शक्ति और बुद्धिमत्ता में वृद्धि होगी। इसलिए ऐसे समय पर अपने सामने आनेवाली चुनौतियों के लिए ईश्वर के कृतज्ञ रहिए।

□

39

दि मूनलाइट सोनाटा

जैसा हम सब जानते हैं, लुडविग वॉन बीथोवन, दुनिया के महानतम संगीतकारों में से एक रहे हैं। ग्यारह वर्ष की आयु में उन्होंने संगीत की रचना शुरू कर दी थी और अपनी किशोरावस्था में ही उन्होंने एक महान् संगीतकार के रूप में ख्याति और धन-दौलत अर्जित कर ली थी।

एक शाम, बीथोवन एक मोची की कुटिया के पास से गुजर रहे थे कि उन्होंने किसी को उनकी बनाई धुन पर अभ्यास करते सुना। वे ध्यान से सुनने के लिए रुके ही थे कि उन्होंने एक लड़की को कहते सुना, ''काश, मैं इस धुन को किसी असली संगीतकार को बजाते सुन पाती; जिससे मैं इसे ठीक से बजाना सीख पाती।''

बीथोवन ने कुटिया में प्रवेश किया और वहाँ पियानो के साथ बैठी एक नवयुवती को देखा। वह दृष्टिहीन थी। उसके लिए वह धुन बजाने की पेशकश करते हुए वे पियानो के साथ रखी चेयर पर बैठ गए और करीब एक घंटे तक उन्होंने पियानो वादन किया।

वह लड़की खुशी से उछल पड़ी। उसकी प्रतिक्रिया से बीथोवन और अधिक उत्साहित हुए और वे देर तक बजाते रहे। शाम बीत चुकी थी; कुटिया में अँधेरा छा गया था, परंतु चाँद का मद्धिम प्रकाश दरवाजे से छनकर आ रहा था। लड़की की मंत्रमुग्ध मुद्रा और शीतल चाँदनी से प्रेरित होकर बीथोवन ने अपनी प्रसिद्ध 'मूनलाइट सोनाटा' की रचना की थी।

जब आप किसी की मदद करते हैं, आपकी मदद अपने आप हो जाती है।

''जो लोग दूसरों के जीवन में सूर्य का प्रकाश लाते हैं, स्वयं भी उससे अछूते नहीं रह सकते।''

—जेम्स एम. बेरी

व्यावहारिक सुझाव

- आज ही, किसी के साथ कोई भी सौहार्दपूर्ण कृत्य करें। किसी भी परिचित या अपरिचित को सुकून देनेवाला कोई कार्य करें। हो सकता है, आपके इस कृत्य पर किसी का ध्यान न जाए, परंतु जब आप किसी संकटग्रस्त व्यक्ति की मदद करेंगे, आपका मन खुशी से भर जाएगा।

□

40

सुखी विवाहित जीवन का रहस्य

एक यहूदी धर्मगुरु अपने श्रोताओं को विवाहित संबंधों को मधुर बनाने के बारे में सलाह दे रहे थे।

एक वृद्ध ने गुरु के पास जाकर यह पेशकश की, "एक सुखी विवाहित जीवन का रहस्य मैं जानता हूँ," उसने आत्मविश्वास से कहा। "वह बहुत सीधी-सादी बात है।"

"मैं इस विषय का विशेषज्ञ हूँ," वृद्ध ने चहककर कहा, "ऐसा होना भी चाहिए, क्योंकि मैं चार बार शादी कर चुका हूँ।"

धर्मगुरु भौंचक्के रह गए और उस बात का सदमा उनके चेहरे पर झलक रहा था।

उनके चेहरे पर आए भाव को देखकर वृद्ध हँसा, फिर बोला, "उसी स्त्री के साथ!"

अपनी बात को समझाते हुए वृद्ध ने कहा, "वह और उसकी पत्नी पिछले पैंतालीस वर्षों से विवाहित हैं। उनका पहला विवाह तब हुआ था जब वे युवा और बेपरवाह थे। दूसरा उस दौरान हुआ, जब वे अपने तीन बच्चों का पालन-पोषण कर रहे थे। तीसरा तब हुआ जब बच्चे बड़े होकर घर छोड़कर चले गए। और चौथा तब हुआ, जब वे दोनों सेवानिवृत्त हो गए। इनमें से हर विवाह के जमीनी नियम भिन्न थे।" वृद्ध ने कहा, "जैसे-जैसे जीवन की स्थितियाँ और परिस्थितियाँ बदलती गईं, हमने एक-दूसरे को उनके अनुसार

आवश्यक प्यार, समझ और सहारा दिया। हम एक-दूसरे से ही बार-बार विवाह करते रहे।''

नव-विवाहित जोड़े इस धरती पर सबसे सुखी प्राणी होते हैं।

''सुखी विवाहित जीवन तब शुरू होता है, जब हम अपने प्रिय व्यक्ति से विवाह करते हैं और वह तब परवान चढ़ता है, जब हम अपने जीवनसाथी से प्यार करते हैं।''

—टॉम मुलैन

व्यावहारिक सुझाव

- अपने प्यार को तरोताजा बनाए रखिए। आज ही अपने जीवनसाथी के लिए ऐसा कुछ करें, जिससे उसे सुखद आश्चर्य हो। कुछ ऐसा, जिसकी उसने आपसे अपेक्षा भी न की हो।

□

41

सहृदयता का सूचकांक

मैनेजमेंट संस्था (प्रबंधक संस्थान) के छात्रों को प्रथम वर्ष के अंत में अपने पाठ्यक्रम की प्रश्नावली के उत्तर देने थे। उनमें से बहुत से छात्रों ने दस में से पहले नौ प्रश्नों के उत्तर बहुत जल्दी दे दिए, पर यह दसवाँ प्रश्न पढ़कर वे चक्कर में पड़ गए—"हर सुबह संस्थान की सफाई करनेवाली महिला का नाम क्या है?"

कक्षा से बाहर निकलते हुए एक छात्रा ने प्रोफेसर से पूछा कि उस दसवें प्रश्न का उत्तर न दे पाने से क्या उनके अंक कटेंगे। "बेशक," प्रोफेसर ने जबाव दिया, "पर तुम यह क्यों पूछ रही हो?"

"सर..." उसने कुछ हकलाते हुए कहा, "मैं बस सोच रही थी कि उस नौकरानी के नाम का हमारे पाठ्यक्रम से क्या संबंध है।"

प्रोफेसर मुस्कराए और उससे बोले, "तुम्हारे कॅरियर में तुम बहुत तरह के लोगों से मिलोगी। वे सभी महत्त्वपूर्ण होंगे। वे तुम्हारे सरोकार के पात्र होंगे, चाहे तुम्हें मुस्कराकर उन्हें सिर्फ 'हलो' ही कहना पड़े। यह सवाल इस परीक्षण के लिए था कि तुम्हारे भीतर वह प्रवृत्ति है या नहीं।"

दूसरों के साथ जितना सर्वोत्तम व्यवहार आप कर सकते हैं, करें : इससे एक कदम आगे जाकर—अपने नीचे काम करने वालों के लिए अधिक उदार बनें, ऐसा करना उनके बारे में कम, आपके चरित्र के बारे में ज्यादा बताएगा।

"अगर आप किसी आदमी को ठीक से समझना चाहते हैं तो अवलोकन करें कि वह अपने समकक्षों से नहीं, अपने अधीनस्थों के साथ कैसा व्यवहार करता है।"

—जे.के. रोलिंग

व्यावहारिक सुझाव

- आज ही, उन लोगों के काम की, प्रतीकात्मक रूप से ही सही, वाजिब प्रशंसा कीजिए, जो आपके लिए काम करते हैं—आपकी घरेलू नौकरानी, आपका ड्राइवर, आपके दफ्तर का कोई कर्मचारी या चपरासी। उन्हें बताएँ कि आप उनके सहयोग की कद्र करते हैं। आप उनके काम की कद्र करते हैं। कभी-कभार उन्हें आईसक्रीम खिलाने बाहर ले जाएँ।

□

42

ईश्वर के हाथों में सुरक्षित

एक अंतरमहाद्वीपीय लंबी उड़ान की महिला यात्री उस समय बुरी तरह डर गई, जब उनका विमान खराब मौसम की चपेट में आ गया। जब विमान हिचकोले खाने लगा तो उसने भयभीत मुद्रा में विमान परिचारिका से पूछा, ''क्या विमान दुर्घटनाग्रस्त होनेवाला है?''

''कतई नहीं,'' परिचारिका ने आत्मविश्वास के साथ जवाब दिया, ''चिंता न करें। हम सब ईश्वर के हाथों में सुरक्षित हैं।''

सदमे से उस महिला की आँखें फटी सी रह गईं, ''अरे बाप रे!'' वह चीखी, ''क्या हालात इतने बुरे हैं?''

''नहीं!'' परिचारिका ने जोर देते हुए कहा, ''हालात इतने अच्छे हैं।''

हममें से प्रत्येक का रवैया यही होना चाहिए। स्वीकृति का यह भाव सच्चा होना चाहिए और दिल की गहराइयों से आना चाहिए। तभी हम सभी परिस्थितियों में खुश रह सकेंगे।

''ईश्वर में विश्वास एक रडार की तरह है, जो धुंध के पार भी देख सकता है।''

—कोरी टेन बूम

व्यावहारिक सुझाव

- अपने मन में बार-बार यह कविता गाएँ—

  मेरे आस-पास है खुदा, डर की कोई बात नहीं है,
  मैं उसकी बाँहों में हूँ, वह मुझे कहाँ ले जाएगा? वही जाने!

□

43

हँसी में उड़ा दें

जब कोई व्यक्ति आपको गुस्सा दिला रहा हो, तो उसकी बातों में आमोद-प्रमोद का पहलू खोजने का प्रयास करें और उसे हँसी में उड़ा दें। वह वातावरण को हल्का बना देगा और तनाव दूर कर देगा।

मुल्ला नसरुद्दीन के पास के गाँव का एक आदमी किसी विषय पर चर्चा करने के लिए उनके घर आया था। चूँकि उन्होंने इस मुलाकात का दिन और समय पहले से ही तय कर लिया था, मुल्ला को वहाँ न पाकर वह आदमी आग-बबूला हो गया। उसने मुल्ला के दरवाजे पर लिख दिया, 'महामूर्ख'।

मुल्ला जब घर लौटे तो उन्होंने दरवाजे पर लिखा शब्द देखा। वे तुरंत ही पास के गाँव में उस आदमी के घर गए और दरवाजे पर दस्तक दी। उन्होंने उस आदमी से माफी माँगते हुए कहा, "मुझे खेद है कि मुझे याद नहीं रहा कि आप आनेवाले हैं। मगर जैसे ही मैंने अपने दरवाजे पर आपके दस्तखत देखे, मैं समझ गया कि आप आए थे।"

"हम अनकहे शब्दों के मालिक हैं, पर मुँह से निकले शब्दों के गुलाम हैं।"

—विंस्टन चर्चिल

व्यावहारिक सुझाव

- किसी दोस्त के साथ बैठकर उन घटनाओं पर बात करें, जब आपने खुद को अपमानित, आहत और उपहास का विषय महसूस किया हो। परंतु ये बातें हलके-फुलके मनोरंजक अंदाज में चुटकुलों के रूप में कहें। जीवन की विडंबनाओं पर हँसें और अपने मन पर लदे बोझ को उतार फेंकें।

□

44

मौत का सामना

निडरता दुनिया की महानतम प्रतिभाओं, शहीदों और संतों की पहचान रही है। इसीलिए सुकरात ने हँसते-हँसते जहर पी लिया और महात्मा गांधी ने राम का नाम लेते हुए हत्यारे की गोलियों का सामना किया।

स्वामी विवेकानंद साहस और शक्ति के पुंज थे। जब वे संयुक्त राज्य अमेरिका में थे, उन्होंने भारत के ऋषियों और संतों की बुद्धिमत्ता के बारे में श्रोताओं के विशाल समूहों को संबोधित किया था। उन्होंने कहा कि नायक विपत्ति, यहाँ तक कि मौत के सामने भी निडर बने रहते हैं।

उनसे असहमत युवाओं का एक समूह उनकी परीक्षा लेना चाहता था। उन्होंने स्वामीजी को एक व्याख्यान देने के लिए आमंत्रित किया, जिसे उन्होंने सहर्ष स्वीकार कर लिया। वे 'ईश्वर में विश्वास' विषय पर बोले। उन्होंने कहा कि एक भक्त खतरों और कठिनाइयों के सामने निडर बना रहता है।

अचानक बंदूकों के धमाकों की आवाज़ से वह हॉल दहल उठा। स्वामीजी की दिशा में भी गोलियाँ दागी गईं, जो उनके कानों के पास से निकल गईं। हॉल में क्रोधोन्मत्त लोगों का भारी शोरगुल उठने लगा। वे चीख रहे थे और पागलों की तरह इधर से उधर दौड़ रहे थे। पर इस भारी अफरातफरी के बीच एक व्यक्ति निडर, अविचल खड़ा था, वे थे स्वामी विवेकानंद। उन्हें पता था कि अगर कोई गोली उनके लिए नहीं बनी है तो वह उन्हें चोट नहीं पहुँचाएगी और अगर कोई गोली उनके लिए बनी है तो वह सैकड़ों कवचों

और सुरक्षाकर्मियों के बीच भी उन्हें ढूँढ़ ही लेगी।

स्वामीजी ने एक बार कहा था, ''शक्ति जीवन है, दुर्बलता मृत्यु। दुःखों का एकमात्र कारण दुर्बलता है। हम इसलिए दुःख भोगते हैं कि हम कमजोर हैं।''

''हम ईश्वर से यह प्रार्थना न करें कि वह हमें खतरों से बचाए रखे, बल्कि यह करें कि उनका सामना करते समय हम निडर बने रहें।''

—रवींद्रनाथ टैगोर

व्यावहारिक सुझाव

- उन विचारों और बिंबों पर ध्यान दें, जो आपके भीतर डर पैदा करते हैं। फिर ऐसे प्रत्येक विचार और बिंब पर यह लेबल लगा दें, 'डर', 'डर', 'डर।' कागज के उन पुरजों को अपने हाथ में ले लें। इन पुरजों को एक-एक करके किसी गहरी घाटी में फेंक दें, ताकि वे फिर कभी हाथ न लगें।
- फिर तनकर खड़े रहें और अपने आप से कहें—''सभी भयों से मुक्त मैं तो यहाँ डट गया।''

□

45

ईश्वर पर छोड़ दें

ओलिवर क्रॉमवेल के एक अधिकारी को हमेशा चिंतित रहने की आदत थी। उसका विश्वस्त सेवक एक धर्मनिष्ठ आदमी था, जो अपने चिंतित स्वामी की मदद करना चाहता था।

एक दिन उसने अपने मालिक से पूछा, ''क्या यह सच नहीं है कि इस दुनिया में आपके आने से बहुत पहले से ईश्वर यह दुनिया चला रहा था?''

''निश्चित रूप से।'' उसके मालिक ने तुरंत जवाब दिया।

''और आपको विश्वास है कि आपके जाने के बाद भी वह दुनिया चलाता रहेगा?'' एक बार फिर अधिकारी ने स्वीकृति में सिर हिलाया।

''फिर आप चिंता छोड़कर अपने जीवनकाल में ही 'उसे' दुनिया क्यों नहीं चलाने देते?'' सेवक ने पूछा।

अपने जीवन की बागडोर ईश्वर को सौंप दें, न कि अपनी चिंताओं, भयों और व्यग्रताओं को।

''चिंता कभी कल के दुःखों को कम नहीं करती; वह आज की खुशियों को जरूर कम करती है।''

—लियो बस्केग्लिया

व्यावहारिक सुझाव

- एक गहरी साँस लें। साँस छोड़ते हुए जोर से कहें, ''चिंता छोड़ें, चिंता छोड़ें, सब कुछ ईश्वर पर छोड़ दें।'' इसे बार-बार दोहराएँ।
- आज हम अपनी सारी परेशानियों और चिंताओं से मुक्त हो जाएँ।
- हम उन सबको ईश्वर के हवाले कर दें।
- उन्हें ईश्वर को सँभालने दें।
- स्वयं को हल्का और प्रसन्न महसूस करें।

□

46

वर्तमान में जीएँ

हमारे मन भटक जाते हैं और इसलिए हम जो कुछ काम कर रहे होते हैं, उसके सर्वोत्तम परिणाम नहीं मिलते। एक जैन गुरु अपने शिष्य को सिखा रहा था कि जीवन और काम-काज के प्रति सही रवैया कैसे विकसित किया जा सकता है।

शिष्य ने गुरु से पूछा, ''मैं सत्य की खोज में मानसिक अनुशासन कैसे विकसित करूँ?''

गुरु ने जवाब दिया, ''इसके लिए तुम्हें अभ्यास करना होगा।''

''किस तरह का अभ्यास?''

''तुम्हें जब भूख लगे, तभी खाना चाहिए। जब थक जाओ, तभी सोना चाहिए।''

''परंतु यह तो सभी लोग करते हैं। क्या आप कहना चाहते हैं कि जीवन में अनुशासन लाने के लिए इतना करना पर्याप्त है?''

''नहीं, पर अधिकांश लोग ऐसा नहीं करते। जब वे खा रहे होते हैं तो साथ-साथ सैकड़ों दूसरी चीजें भी कर रहे होते हैं। सोते समय वे लाखों चीजों के बारे में सपना देख रहे होते हैं। 'अभ्यास' से मेरा यह मतलब नहीं था।''

चाहे आप काम कर रहे हों, भोजन कर रहे हों या सो रहे हों, अपने मन को वर्तमान क्षण में अभी और यहाँ में रहना सिखाएँ।

हममें से कई भूतकाल को अपना वर्तमान चुराने देते हैं। गुजरी हुई बातों

में उलझे रहकर हम अपना समय बर्बाद करते हैं। हम भूतकाल में खोए हुए अवसरों और भावी डरों को इतना कसकर पकड़े रहते हैं कि वर्तमान के लिए सोचने की गुंजाइश ही नहीं रहती।

''आज का अधिकतम उपयोग कर लें। समय किसी का इंतजार नहीं करता। बीता हुआ कल इतिहास है। आनेवाला कल एक रहस्य है। 'आज' का दिन एक उपहार है। इसीलिए उसे 'प्रेजेंट' कहा जाता है।''

—एलिस मोर्स अर्ल

व्यावहारिक सुझाव

- जब-जब भी आप पाएँ कि आपके विचार भूतकाल की बातों या भविष्य की चिंता में उलझे हैं, उन्हें धीरे-धीरे वर्तमान की पटरी पर लाएँ और 'वर्तमान क्षण' इन शब्दों को कई बार दोहराएँ।
- भूतकाल की बातों या भविष्य की चिंता में उलझे रहने की बजाय वर्तमान पर केंद्रित होना सीखें।

□

47

समय प्रबंधन

एक बार एक प्रबंधन शिक्षक अपने छात्रों को कार्य सूची में दिए गए कार्यों की प्राथमिकताएँ तय करने के महत्त्व के बारे में बताना चाहता था। वह चौड़े मुँहवाला एक जार और एक थैले में कुछ सामग्री लेकर कक्षा में आया।

पहले उसने जार में कोई दर्जन भर पत्थर डाल दिए। उन पत्थरों से जार भर गया। उसने छात्रों से पूछा, "क्या इसमें और जगह बची है?"

छात्रों ने एक स्वर से जवाब दिया, "नहीं!"

उसने थैले से कुछ बजरी निकालकर जार में डाल दी। उससे पत्थरों के बीच की खाली जगहें भर गईं। उसने जार को अच्छे से हिलाया और बजरी के नीचे तल में बैठ जाने के बाद कुछ और बजरी उसमें डाल दी।

उसने छात्रों से फिर सवाल किया, "क्या इसमें और भी जगह बची है?"

इस बार जवाब में कई स्वर उभरे, "शायद, संभवतः।"

इस बार प्रोफेसर ने जार में बालू-रेत डाली। उसने जार को हिलाया तथा कुछ और बालू-रेत उसमें डाली। उसके बाद उसने उसमें कुछ पानी डाला।

फिर उसने छात्रों से सवाल किया, "आपके विचार से इस उदाहरण का क्या उद्देश्य हो सकता है?"

एक छात्र ने तुरंत जवाब दिया, "आपका कार्यक्रम आपको कितना भी व्यस्त क्यों न रखता हो, अगर आप बहुत कोशिश करें तो कार्यक्रम से बाहर के कुछ और कार्य भी किए जा सकते हैं।"

प्रोफेसर ने असहमति में सिर हिलाया। ''इस उदाहरण का असली मकसद यह समझाना था कि अगर बड़े पत्थर पहले नहीं डालोगे तो उन्हें कभी न डाल पाओगे।''

बड़े पत्थर किस चीज के द्योतक हैं? वे द्योतक हैं प्रार्थना और ईश्वर से संवाद में बिताया समय, परिवारजनों, बच्चों के साथ बिताया समय, किसी भले काम के लिए बिताया समय, उन लोगों की मदद के लिए बिताया समय, जिनकी जरूरतें हमसे ज्यादा हैं।

प्रोफेसर का निष्कर्ष था, ''जीवन का उद्देश्य समझने के लिए समय निकालें। बाकी सब कंकड़, बजरी और रेत है।''

''सिर्फ व्यस्त रहना पर्याप्त नहीं है; व्यस्त तो चींटियाँ भी रहती हैं। सवाल यह है कि हम किस चीज में व्यस्त हैं।''

—हेनरी डेविड थूरो

व्यावहारिक सुझाव

- कागज का एक पन्ना लीजिए और उसे चार भागों में बाँट दीजिए। इन भागों को निम्नानुसार शीर्षक दें—
  पहला भाग : 'महत्त्वपूर्ण एवं अत्यावश्यक।'
  दूसरा भाग : 'महत्त्वपूर्ण पर अत्यावश्यक नहीं।'
  तीसरा भाग : 'महत्त्वपूर्ण नहीं पर अत्यावश्यक।'
  चौथा भाग : 'न महत्त्वपूर्ण, न अत्यावश्यक।'
- अपने सभी कार्यों को उपर्युक्त श्रेणियों में वर्गीकृत करें और उस क्रम में क्रियान्वित करें। इससे आप स्वत: ही उच्च प्राथमिकता वाले कार्यों पर केंद्रित हो पाएँगे।

□

48

जन प्रबंधन

एक प्रतिष्ठित कंपनी द्वारा मानव संसाधन कार्यकारी के पद के आवेदकों के सामने वास्तविक जीवन की कुछ स्थितियाँ रखकर उनसे पूछा गया कि वे कौन सा विकल्प चुनेंगे—

भारी बारिशवाली एक तूफानी रात में, आप कार से कहीं जा रहे हैं। आप एक बस स्टॉप से गुजरते हैं, जहाँ आप तीन व्यक्तियों को भारी परेशानी में बस का इंतजार करते देखते हैं :

- एक बूढ़ी औरत, जिसे देखने से ऐसा लगता है कि वह मरनेवाली है।
- एक पुराना मित्र, जिसने कभी आपकी जान बचाई थी।
- वही सुंदर लड़की, जिसे अपना जीवनसाथी बनाने की आप कल्पना करते रहे थे।

यह जानते हुए कि आपकी कार में सिर्फ एक व्यक्ति की गुंजाइश है, आप इनमें से किसे अपनी कार में आने की पेशकश करेंगे?

- आप उस बूढ़ी स्त्री को चुन सकते हैं, जो मरणासन्न है और इसीलिए आपको उसे पहले बचाना चाहिए।
- या आप अपने पुराने मित्र को ले सकते हैं, जिसने एक बार आपकी जान बचाई थी और उसका ऋण उतारने का यह सबसे अच्छा अवसर है।
- परंतु, हो सकता है कि एक आदर्श जीवनसंगिनी आपको दुबारा कभी न मिले।

मानव संसाधन कार्यकारी के पद के लिए जो प्रत्याशी चुना गया, उसे इस प्रश्न का उत्तर देने में कोई परेशानी नहीं हुई।

अनुमान लगाइए कि उसका उत्तर क्या रहा होगा? उसका जवाब सीधा-सादा था, ''मैं अपनी कार की चाबी अपने पुराने मित्र को देकर उससे कहूँगा कि वह उस बूढ़ी स्त्री को हस्पताल ले जाए। मैं अपने सपनों की रानी के साथ बस का इंतजार करूँगा।''

''आपातकालीन स्थितियों में प्रदर्शित की गई बुद्धिमत्ता से ही पता चलता है कि अमुक व्यक्ति किस मिट्टी से बना है।''

—जेम्स रसेल लोवेल

व्यावहारिक सुझाव

- मानवीय संबंधों को सुखद बनाने के लिए अंत:दृष्टि का एक साधारण सा अभ्यास करें। आराम से बैठकर अपना ध्यान अपनी साँस पर केंद्रित करें। धीरे-धीरे अपनी चेतना को विस्तृत करें। साँस भीतर लेते हुए एक बड़े से ओक वृक्ष की कल्पना करें। आप उस वृक्ष की एक शाखा हैं। ऐसी बहुत सी शाखाएँ हैं, जो एक-दूसरे से अलग हैं, फिर भी सभी एक ही जड़ और एक ही तने से जुड़ी हुई हैं।
- ये सब हमारे मानवीय संबंधों की तरह हैं। हम सभी भिन्न हैं, पर उसी वृक्ष के भाग हैं।
- उन सभी शाखाओं को अपने जानकार लोग मान लें, फिर अजनबियों पर ध्यान दें, वे भी उसी तने, उन्हीं जड़ों के भाग हैं। उनमें से कोई भी शाखा कैसे सोच सकती है कि वह अलग है? हम सभी अंत:करण से जुड़े हुए हैं। इस महान् अनुभूति से धीरे-धीरे वर्तमान स्थिति में लौटें।

□

49

गीता का सार

एक बार एक विद्वान् प्रोफेसर महात्मा गांधी से मिलने उनके आश्रम आए। उन्होंने महात्मा का अभिवादन किया और बोले, ''लोग कहते हैं कि आपने अपने दैनिक जीवन को गीता के सिद्धांत के अनुसार ढाल लिया है। क्या आप मुझे गीता का सार समझा सकते हैं?''

गांधीजी ने प्रोफेसर की ओर देखा और बोले, ''प्रोफेसर, क्या आप मेरे लिए कुछ कर सकते हैं?''

''जरूर, खुशी से।'' प्रोफेसर ने कहा।

गांधीजी ने प्रांगण के एक कोने में रखी ईंटों के ढेर की तरफ इशारा करते हुए कहा, ''क्या आप इन ईंटों को प्रांगण के सामनेवाले कोने में रख सकते हैं?''

''पर...बापू जी...'' प्रोफेसर ने कुछ हकलाते हुए कहा, ''मैंने आपसे एक गंभीर सवाल पूछा है, जिसका जवाब मैं समझता हूँ, सिर्फ आपके पास है!''

''हाँ-हाँ, उसके बारे में हम बाद में बात करेंगे। क्या अब आप कृपा करके ईंटों को हटाना शुरू करेंगे?''

प्रोफेसर को कुछ समझ न आया, परंतु उन्होंने महात्मा की इच्छानुसार उन ईंटों को प्रांगण के दूसरे कोने में जमा कर रख दिया। पसीने से तरबतर होकर वे गांधीजी के पास आए और उन्हें बाहर आकर देखने के लिए कहा

कि काम उनके निर्देशानुसार हुआ है या नहीं।

गांधीजी ने बाहर आकर देखा और बोले, ''पर मैं उन्हें यहाँ नहीं चाहता था। जब मैंने कहा 'सामनेवाले' कोने में तो मेरा आशय प्रांगण के दूसरी ओर से नहीं बल्कि 'सामनेवाले' उत्तरी कोने से था।''

''ठीक है,'' प्रोफेसर ने बुझे मन से कहा, ''अब मैं उन्हें ठीक से रख दूँगा।''

ईंटों को प्रांगण के दूसरी तरफ ले जाते हुए प्रोफेसर अब हाँफने लगे थे। दिया गया काम पूरा करके जब वह गांधीजी के पास आए, उनके हाथों में छाले पड़ गए थे, उनके कंधे दुखने लगे थे और पीठ अकड़ गई थी।

''काम पूरा हो गया है,'' उन्होंने हाँफते हुए कहा, ''बापूजी, अब तो आप कृपा करके मेरे सवाल का जवाब दे दीजिए।''

''यहाँ ये ईंटें बगीचे के प्रवेश को बाधित कर रही हैं,'' गांधीजी ने ठंडे लहजे में कहा, ''आप क्या समझते हैं प्रोफेसर, क्यों न हम उन्हें प्रांगण के पूर्वी कोने में रख दें?''

''पर पूर्वी कोने में तो ईंटें पहले रखी ही हुई थीं,'' अब अपना आपा खोते हुए प्रोफेसर ने कहा, ''मैं एक प्रोफेसर हूँ बापूजी और एक गंभीर प्रश्न लेकर आपके पास आया था। आप मुझसे इस तरह का बर्ताव कर रहे हैं जैसे मैं कोई मजदूर हूँ। शायद आप समझ रहे हैं कि मैं आपकी शिक्षाओं को समझ नहीं सकता या शायद आप गीता के सार की ऐसी व्याख्या नहीं कर सकते, जिसे लोग समझ सकें।''

''मेरे प्रिय मित्र,'' महात्मा गांधी ने कहा, ''मैंने तुम्हें व्यावहारिक रूप से दृष्टांत दे दिया है कि गीता की मूल शिक्षा है—बिना फल की इच्छा के अपना कर्म करते रहो।''

''आप दिए गए कार्य को पूरा करें, क्योंकि कर्म करना अकर्मण्यता से कहीं श्रेष्ठतर है। कर्म किए बिना आपके शरीर की सामान्य क्रियाएँ भी सुचारु रूप से नहीं चल सकतीं।''

—भगवद्गीता, अध्याय 3, श्लोक 8

व्यावहारिक सुझाव

- आज ही अपना काम पूरी निष्ठा और ईमानदारी से करें; अपना ध्यान काम के परिणाम, वित्तीय लाभ, पदोन्नति या आपके बॉस से तारीफ के शब्दों पर केंद्रित न करें। बस, दिए गए कार्य को पूरी निष्ठा और लगन से पूरा करें। अगर आप पूरे मनोयोग से कार्य करेंगे तो अपने भीतर परितोष और शांति अनुभव करेंगे।

□

50

सर्वाधिक ज्ञानी व्यक्ति

एक दिन जब सुकरात अपने शिष्यों के साथ कहीं जा रहे थे, कुछ युवकों का एक समूह उनके पास पहुँचा और उन्होंने इन शब्दों से सुकरात का स्वागत किया, ''हम पूरे यूनान में सबसे ज्ञानी व्यक्ति, महान् सुकरात का स्वागत करते हैं।''

सुकरात ने हँसकर उनसे पूछा, ''आपसे ऐसा किसने कहा?''

''देववाणी ने ऐसा कहा है,'' उन्होंने कहा, ''हमारी अंतरात्मा की आवाज ने कहा है कि पूरे यूनान में सुकरात सबसे ज्ञानी व्यक्ति हैं।''

''मैं यूनान का सबसे ज्ञानी व्यक्ति कैसे हो सकता हूँ?''

सुकरात ने विरोध किया, ''ऐसा कैसे हो सकता है?''

फिर एक क्षण सोचने के बाद उन्होंने कहा, ''हाँ, शायद यह सच ही है। क्योंकि यूनान में, मैं ही एक ऐसा आदमी हूँ, जो जानता है कि वह कुछ नहीं जानता।''

नितांत विनम्रता ही एक सच्चे ज्ञानी व्यक्ति का लक्षण है।

''अपने आप में बंद एक आदमी बहुत छोटी सी पोटली के आकार का होता है।''

—बेंजामिन फ्रेंकलिन

व्यावहारिक सुझाव

आकाश से वर्षा की गिरती एक बूँद की कल्पना करें। जब तक वह नीचे नहीं गिरती, उसकी अपनी एक पहचान होती है; समुद्र में गिरते ही वह खो जाती है। तब बूँद और समुद्र में कोई अंतर नहीं रहता। हम बूँद के समान हैं, पर क्षणभंगुर के लिए हम भिन्न हैं, यह अलगाव तब तक ही है, जब तक हम ब्रह्मांड के साथ एकाकार नहीं हो जाते। सच यह है कि हमारी कोई पहचान नहीं है, फिर किस बात का अहंकार!

□

51

जीवन संघर्ष

जब नेपोलियन ने आस्ट्रिया पर हमला किया, शत्रु-क्षेत्र में प्रवेश करने के लिए उसकी सेना को एक सँकरा पुल पार करना था। उसके फौजी आशंकित हो गए, क्योंकि दूसरी ओर से शत्रु ने पहले ही गोलीबारी शुरू कर दी थी। नेपोलियन का कमांडर आगे बढ़ने से हिचक रहा था, क्योंकि उसे भी डर था कि वे लोग दुश्मन के निशाने पर आ जाएँगे।

नेपोलियन की इच्छाशक्ति बहुत प्रबल थी। अपने कमांडर को अनिर्णय की अवस्था में देखकर उसने कमांडर से ध्वज छीन लिया और यह चिल्लाते हुए उस सँकरे पुल पर दौड़ना शुरू कर दिया, ''जाँबाज जवानो, अपने नेता को बचाओ!''

युद्ध का आह्वान सुनकर सैनिकों में जोश भर गया और वे अपने नेता के पीछे चल पड़े। उन्होंने वह सँकरा पुल सुरक्षित पार कर लिया और अंततः वह क्षेत्र जीत लिया।

हममें से हर एक के भीतर एक असीम शक्ति छिपी होती है। हमें बस उसे उभारना है।

"हथियार कोई भी डाल सकता है,
यह दुनिया में सबसे आसान काम है।
मगर अपना हौसला तब बनाए रखना,
जब सामनेवाला समझ रहा हो
कि आप फँस गए हो,
यही सच्ची शक्ति है।"

—अज्ञात

व्यावहारिक सुझाव

- अगर एक ऐसी चुनौती आपके सामने हो, जो दुर्जेय लगती हो तो मन-ही-मन यह दोहराएँ, "ईश्वर और मैं इस समस्या से बढ़कर हैं। ऐसी कोई समस्या नहीं है, जिसे ईश्वर और मैं मिलकर हल न कर सकते हों।" उस सोच से बल लेकर और इस विश्वास के साथ कि ईश्वर आपके साथ है, हर समस्या का हिम्मत से सामना करें।

□

52

सफलता पाने का कोई सरल उपाय नहीं है

यह एक दरवेश की कहानी है, जो बहुत गरीब था। अपनी रोजी-रोटी कमाने के लिए वह दिन में कड़ी मेहनत करता और देर रात तक अध्ययन करता था। उसकी इच्छा एक सुशिक्षित व्यक्ति बनने की थी। रात में पढ़ने के लिए रोशनी के नाम पर उसके पास तेल से जलनेवाला एक चिराग ही था।

एक रात जब वह पढ़ने के लिए बैठा, उसने देखा कि उसके चिराग में तेल खत्म हो गया है। इतनी रात गए वह कहीं से भी तेल हासिल नहीं कर सकता था। इसलिए इस बात से दु:खी होकर कि उसकी रात व्यर्थ चली जाएगी, वह सोने चला गया।

उस रात उसे एक सपना आया। सपने में हजरत मुहम्मद उसके सामने आए और बोले, ''निराश न हो मेरे बच्चे, दु:खी न हो। तुम बस अपना मुँह खोलो और मैं दुनिया का सारा ज्ञान उसमें उड़ेल दूँगा। तुम सबसे ज्ञानी आदमी बन जाओगे।''

क्या आप जानते हैं कि दरवेश ने क्या जवाब दिया? सपने में उसने अपने आपको कहते सुना, ''मैं नहीं चाहता कि आप मुझे ज्ञान उपहार में दें। मैं तो बस अपने चिराग में तेल चाहता हूँ, ताकि मैं पढ़ाई कर सकूँ। कड़ी मेहनत किए बिना मैं ज्ञान प्राप्त करना नहीं चाहता। मैं अपने खुद के प्रयासों से

अध्ययन करना और ज्ञान प्राप्त करना चाहता हूँ।''

हमें कुछ भी हासिल करने के लिए छोटा रास्ता तलाशने की कोशिश नहीं करनी चाहिए।

''चैंपियन्स जानते हैं कि किसी भी क्षेत्र के शिखर पर पहुँचने का कोई छोटा रास्ता नहीं है। वे एक-एक कदम उठाकर पर्वत पर चढ़ते हैं। उन्हें हेलीकॉप्टर्स की कोई जरूरत नहीं है।''

—जूडी एडलर

व्यावहारिक सुझाव

- सुबह उठते ही एक नए खूबसूरत दिन के लिए ईश्वर को धन्यवाद दें; उससे प्रार्थना करें कि वह उस दिन को उत्साह, इच्छाशक्ति और दृढ़संकल्प से भर दें। क्योंकि ये सभी अनमोल नियामतें ईश्वर की ओर से दिए गए उपहार हैं।

□

53

खुशी चक्र की तरह घूमती है

यह एक छोटे से होटल में रात में काम करने वाले विनम्र क्लर्क जॉर्ज की सच्ची कहानी है। रात-दर-रात वह अपनी नीरस ड्यूटी निभाता रहता, पर वह कोई साधारण आदमी नहीं था। उसमें कोई असाधारण बात थी। वह पूरी निष्ठा और ईमानदारी से काम करता था। वह स्वभाव से ही खुशमिजाज, दूसरों का ख्याल रखनेवाला व्यक्ति था। उसकी निष्ठा परिपूर्ण थी। वह जितने लोगों की मदद कर सकता था, करने के लिए अपनी ड्यूटी की अपेक्षाओं से भी आगे चला जाता था।

बारिश की एक अँधेरी रात को एक वृद्ध दंपत्ति उस होटल में आया। उन्होंने एक कमरा देने के लिए कहा। परंतु कोई कमरा खाली न था। वह क्लर्क आसानी से कह सकता था, "होटल में कोई कमरा खाली नहीं है।" वह यह भी कह सकता था, "बिना आरक्षण कराए आपने यह उम्मीद ही कैसे की कि आपको कमरा मिल जाएगा? हमारा होटल हमेशा फुल रहता है।" परंतु क्लर्क जिस तरह का आदमी था, उसने स्थिति को एक अलग तरह से निपटाया। उसने उस वृद्ध दंपत्ति की ओर देखा, फिर बाहर बारिश की अँधेरी रात की ओर नजर दौड़ाई। उसने मन-ही-मन सोचा कि ये लोग इस तूफानी मौसम में कमरे की तलाश में कहाँ भटकेंगे?

इसलिए उसने उनसे कहा, "अभी इस समय तो होटल में कोई कमरा खाली नहीं है, पर अगर आप कुछ देर इंतजार कर सकें, तो मैं देखूँगा कि मैं

आपके लिए क्या कर सकता हूँ।'' फिर उसने एक सेविका को बुलाया और उससे कहा, ''मेरी, तुम जाकर मेरा कमरा ठीक कर दो। उसे व्यवस्थित और आरामदायक बना दो। मैं चाहता हूँ कि यह वृद्ध दंपत्ति आज रात मेरे कमरे में विश्राम करें।''

पंद्रह मिनट के भीतर वह सेविका वापस आई और बोली, ''सर, वह कमरा तैयार है। वह गरम और आरामदायक है।''

क्लर्क ने दंपत्ति को अपने कमरे की ओर ले जाते हुए उनसे कहा, ''मैं आपको जिस कमरे में ले जा रहा हूँ, निश्चय ही वह हमारे होटल का सर्वोत्तम कमरा नहीं है। परंतु मुझे आशा है कि आप उसे सुखद, आरामदेह और साफ-सुथरा पाएँगे। आप कुछ देर आराम कीजिए। फिर सोने से पहले मैं आपके लिए गरम चाय के दो कप भिजवाता हूँ।''

इस घटना को कई महीने गुजर गए। वह क्लर्क उसे कब का भूल भी चुका था। ऐसी कई घटनाएँ उसके जीवन में कई बार घट चुकी थीं।

न्यूयॉर्क में एक बड़ा होटल—प्रसिद्ध वाल्डॉर्फ एस्टोरिया होटल—बन रहा था। वह जॉन जेकब एस्टर नाम के एक आदमी द्वारा बनवाया जा रहा था। जब उस होटल के लिए एक मैनेजर की नियुक्ति के लिए विज्ञापन देने का समय आया, उन्होंने कहा, ''मैं इस पद के लिए कोई विज्ञापन नहीं देना चाहता, क्योंकि मेरी नजर में पहले से ही एक आदमी है।''

और वह आदमी कौन था? वह कोई और नहीं, वही रात में काम करने वाला क्लर्क था, जिसने उस तूफानी रात में उस वृद्ध दंपत्ति, श्री और श्रीमती एस्टर को उस समय उपकृत किया था, जब उन्हें एक होटल रूम की सख्त जरूरत थी। उस समय उस क्लर्क को कोई अंदाजा नहीं था कि वह किन्हें उपकृत कर रहा है। यह उसके स्वभाव में था कि उन लोगों को सुकून पहुँचाने के लिए वह अपनी ड्यूटी की अपेक्षाओं से भी आगे जाकर काम करे, जिन्हें उसकी जरूरत थी।

एक छोटे से होटल में काम करनेवाले क्लर्क को अब यकायक सफलता मिल गई थी। उसने अपने आपको विश्वप्रसिद्ध होटल के प्रबंधक के रूप में पाया था। उसके हाथ इतनी भारी सफलता केवल इसलिए लगी कि लोगों की

मदद करने के लिए उसने अपनी नियत ड्यूटी से आगे जाकर काम किया। दूसरों की मदद करने के लिए उसने अपना सर्वोत्तम दिया और ईश्वर ने उसे सफलता के शिखर पर पहुँचा दिया।

''दूसरों की मदद करने में, हम अपनी ही मदद कर रहे होते हैं, जो नेकी हम करते हैं, वही चक्र पूरा करके पुनः हमारे पास लौट आती है।''

—फ्लोरा एडवर्ड्स

व्यावहारिक सुझाव

- हर दिन की समाप्ति पर अपने नफे-नुकसान का जायजा लें। आपने दूसरों को जो थोड़ा सा भी प्यार और सेवाएँ दी हैं, वे आपके लाभ हैं। आपने जाने या अनजाने दूसरों के साथ जो कठोर व्यवहार किया है और उन्हें पीड़ा पहुँचाई है—कोई भी झूठ या ईर्ष्यालु व्यवहार—आपकी हानि हैं।
- अगर आपके लाभ हानियों से ज्यादा हैं तो समझ लीजिए कि आपका दिन व्यर्थ नहीं गया है।

□

54

ईश्वर के पदचिह्न

फ्रांस का एक नास्तिक वैज्ञानिक एक अरबी मार्गदर्शक की मदद से सहारा मरुस्थल पार कर रहा था। अरबी नागरिक एक धार्मिक आदमी था, जो ईश्वर और प्रार्थना में विश्वास करता था। जब भी रेगिस्तान में रेत के तूफान उठते और वे रास्ता भटक जाते तो ईश्वर का मार्गदर्शन प्राप्त करने के लिए वह जमीन पर बैठकर उसकी बंदगी करने लगता।

इससे वैज्ञानिक को चिढ़ होती थी। ''तुम क्या समझते हो, तुम किससे बात कर रहे हो?'' उसने नाराजगी भरे लहजे में अरबी से पूछा, ''तुम्हें कैसे पता कि खुदा है?''

अरबी ने शांति से जवाब दिया, ''आपको कैसे पता चलता है कि रात को आपके टेंट के पास से कोई आदमी गुजरा है?''

''क्यों, रेत पर बने उसके पैरों के निशान से!'' उस नास्तिक ने कहा।

''मैं सूरज, चाँद, तारों पर ईश्वर के पदचिह्न देखता हूँ!'' अरबी ने जवाब दिया। ''वे 'उस' की महानता और शक्ति की घोषणा करते हैं! 'उस' की मौजूदगी मुझे डर से दूर रखती है।''

''अनंत प्रकृति और सर्वत्र विद्यमान ईश्वर एक-दूसरे से भिन्न नहीं हैं।''

—अथर्ववेद

व्यावहारिक सुझाव

- चंद्रमा के घटने और बढ़ने का चक्र नियमित रूप से अपरिहार्य रूप से घटित होता है। सूर्य एक सुनिश्चित चक्र में उदय और अस्त होता है; पृथ्वी और अन्य ग्रह एक मुकम्मल चाल से परिक्रमा करते हैं; मौसम अपने नियत समय पर बदलते हैं; सृष्टि के सतत प्रवाह में असंख्य जीव-जंतु अपना जीवन जीते हैं; मनुष्यों के जन्म, शैशवकाल, किशोरावस्था, युवावस्था और वृद्धावस्था लगातार चलते रहते हैं।
- इस अनंत प्रवाह के पीछे कौन सी महाशक्ति काम कर रही है? 'उस' की उपस्थिति का अनुभव करना सीखें।

□

55

प्रेम की रूपांतरकारी शक्ति

एक प्रोफेसर अपनी कक्षा के छात्रों को झुग्गी-झोंपड़ियों में रहनेवाले दो सौ लड़कों के जीवन का अध्ययन करने के लिए भेजा। छात्रों से प्रत्येक गरीब लड़के के भविष्य के बारे में अपना आकलन प्रस्तुत करने के लिए कहा गया। प्रत्येक किस्से में उन्हें प्रोजेक्ट बनाना था ताकि यह पता चल सके कि उन दो सौ युवकों का क्या हुआ? बीस गरीब लड़के अपने घरों से दूर चले गए या भटक गए थे, उन्हें छोड़कर शेष एक सौ अस्सी लड़कों ने वकीलों, डॉक्टरों और व्यवसायी के रूप में साधारण से अधिक सफलता पाई थी।

प्रोफेसर चकित रह गया और उसने इस तथ्य की गहराई में जाने की ठानी।

"आप अपनी सफलता का श्रेय किसे या किस चीज को देते हैं?" सफल झुग्गीवासी युवकों से पूछा गया। हर मामले में एक ही भावुक जवाब आया, "एक शिक्षिका को।"

वह शिक्षिका जीवित थी; प्रोफेसर ने उसे ढूँढ़ निकाला और उस अधेड़ परंतु सजग महिला से उस जादुई सिद्धांत के बारे में पूछा, जिसके जरिए उन्होंने झुग्गीवासी लड़कों को इतनी शानदार सफलता दिलवाई थी।

शिक्षिका की आँखों में चमक आ गई और उसके होंठ एक मुस्कान में फैल गए। "ओह, इसमें कोई खास बात नहीं है," उसने कहा, "मैं उन लड़कों को प्यार करती थी।"

प्यार में हर आदमी में छिपी सर्वोत्तम प्रतिभा को बाहर लाने की जादुई शक्ति है।

''पृथ्वी के कठोरतम स्थलों में भी प्यार अपना रास्ता खोज लेता है।''

—मोर्गन फ्रीमेन

व्यावहारिक सुझाव

- बिना शर्त प्यार करने के लिए तीन रास्ते अपनाएँ—
  1. पारखी न बनें, हर किसी को स्वीकार कर लें।
  2. हर व्यक्ति के दर्द और समस्याओं को समझें।
  3. हर व्यक्ति के आंतरिक आलोक के दर्शन करें। रूप बहुत से हैं, प्रकाश एक ही है।

□

56

प्रतिभा की कद्र करें

प्रसिद्ध लेखक सॉमर्सेट मॉम के बारे में एक रोचक किस्सा प्रचलित है। उनकी पुस्तकें स्पेन में प्रकाशित होती और बिकती थीं, परंतु तत्कालीन स्पेनिश कानून उन्हें पुस्तकों की रॉयल्टी की भारी-भरकम राशि देश से बाहर ले जाने की इजाजत नहीं देता था।

मॉम ने तय किया कि स्पेन के एक प्रसिद्ध पर्यटन स्थल में विलासितापूर्ण ढंग से छुट्टियाँ मनाकर वे सारी संचित राशि खर्च कर देंगे। उन्होंने एक शानदार होटल में सर्वोत्तम कमरा लिया, मेहमान-नवाजी पर खूब पैसा लुटाया और मौज-मस्ती में छुट्टियाँ बिताईं। जब उन्हें इस बात का ठीक से आभास हो गया कि उनकी अधिकांश संचित राशि खर्च हो चुकी है, उन्होंने बिलों की माँग की और स्वागत कक्ष पर घोषित कर दिया कि दो दिन बाद वे उस पर्यटन स्थल से चले जाएँगे।

उसी दिन दुपहर को उस होटल का मैनेजर उनसे मिलने आया। उन्हें बहुत विनम्रतापूर्वक बता दिया गया कि उन्हें किसी बिल का भुगतान नहीं करना है। होटल के मालिक के लिए उनकी उपस्थिति ही बहुत सम्मानजनक बात थी। उनकी उपस्थिति के कारण ही सैकड़ों आगंतुक उस होटल की ओर आकृष्ट हुए थे। उस होटल में उनके ठहरने के तथ्य को समाचार-पत्रों ने सुर्खियों में प्रकाशित किया था। उससे होटल का खूब प्रचार हुआ। जिस मेहमान से होटल को इतनी कमाई हुई थी, उसी से ठहरने का खर्च वसूल करना होटल कतई

गवारा नहीं कर सकता।

स्पेनवासी आदमी की कद्र करना जानते थे। और मॉम की यह समस्या कि स्पेनिश रॉयल्टी की अप्रयुक्त राशि कैसे खर्च की जाए, यथावत् बनी रही।

निस्संदेह एक संसाधन की हम सब बहुत कम कद्र करते हैं, सस्ता समझते हैं और कम उपयोगी मानते हैं, वह है मानव संसाधन।

प्रशंसा लोगों के आत्म-विश्वास को पुन:स्थापित करती है।

''कई लोगों में, बिना तराशे हीरों की तरह, उनके कठोर बाहरी स्वरूप के नीचे चमकदार गुण छिपे होते हैं।''

—अज्ञात

व्यावहारिक सुझाव

- ऐसे मित्रों की तलाश करें, जिनमें प्रतिभा और रचनात्मकता हो। किसी तरह की रचनात्मक गतिविधि में डूब जाने के लिए हर हफ्ते कम-से-कम कुछ घंटे जरूर निकालें। तनाव आपको कभी छू भी नहीं पाएगा।

□

57

सच्चे सुख का रहस्य

महान् सूफी कवि सादी छह वर्ष के थे, जब उनके दरवेश पिता उन्हें उस मस्जिद में ले गए थे, जहाँ रात्रि जागरण का आयोजन किया गया था। जैसे-जैसे रात गहराने लगी, सादी ने देखा कि मस्जिद में इकट्ठा हुए लोग एक-एक करके नींद के झोंके लेने लगे। यहाँ तक कि मुल्ला को भी झपकी आ गई। केवल सादी और उसके पिता जागते रहे।

उस छोटे से लड़के ने फुसफुसाकर अपने पिता से कहा, ''अब्बा, सिर्फ आप और मैं जाग रहे हैं। बाकी सब लोग सो गए हैं।'' उसके अब्बा ने उसे झिड़क दिया, ''दूसरों की गलती निकालने और खुद को श्रेष्ठतर समझने से बेहतर तो यह होता कि तुम भी सो जाते।''

जब मैं दूसरों की गलतियाँ निकालता हूँ, तो मैं स्वयं को दूसरों से श्रेष्ठतर समझता हूँ। यह अहंकार है। अगर हम सचमुच खुश रहना चाहते हैं, तो हमें इससे ऊपर उठना होगा।

''दूसरों को परखो नहीं, ताकि आप को भी न परखा जाए। क्योंकि जिस कसौटी पर आप दूसरों को कस रहे हैं, उसी कसौटी पर आपको भी परखा जाएगा। और आपको दूसरे की आँख की किरकिरी भी नजर आ जाती है और अपनी आँख में घुसा लकड़ी का लट्ठा भी नजर नहीं आता?''

—मैथ्यू 7:1-3

व्यावहारिक सुझाव

- अपने हर उस विचार पर ध्यान दें जो आपको खुद को तोप समझने के लिए प्रेरित करता है। अहंकार बहुत चुपके से आपके मन में घर बनाता है। ऐसे विचारों को विनम्रता से बदल दें और खुद को नाचीज समझें।

□

58

सच्ची संपदा

जब हजरत मुहम्मद अपने शिष्यों के एक समूह से बातें कर रहे थे, उन्होंने प्रत्येक शिष्य से अपनी संपदा बताने के लिए कहा।

सबसे पहले हजरत उमर ने जबाव दिया, ''मेरी एक पत्नी और बच्चे हैं, कुछ धन-दौलत और ऐसी कई सांसारिक संपदाएँ, जो मेरे जैसी हैसियत वाले व्यक्ति के लिए स्वाभाविक हैं।''

अन्य शिष्यों ने भी इससे मिलते-जुलते जवाब दिए, जब तक कि हज़रत अली की बारी न आई। अली ने घोषित किया, ''मालिक, मेरी दौलत सिर्फ अल्लाह और पैगंबर हैं। उन्हें छोड़कर मेरे पास कुछ नहीं है।''

मुहम्मद ने अन्य शिष्यों से कहा, ''अली को सत्य का ज्ञान है। क्योंकि सांसारिक संपदाओं की अहमियत बहुत कम है। हम उन्हें दूसरी दुनिया में नहीं ले जा सकते। उनसे मोह केवल दु:ख और पीड़ा ही देता है। जो लोग इस दुनिया की मोह-माया में फँसे रहते हैं, उनकी यही नियति है। परंतु अल्लाह के सच्चे बंदों ने इस दुनिया की मोह-माया पूरी तरह से त्याग दी है। वे हमेशा ईश्वर की भक्ति में मगन रहते हैं और इस तरह वे जन्म और मरण के चक्र से मुक्त हो जाते हैं।''

''जो शांत चित्त और पवित्र है, उसकी आवश्यकता केवल एक ही है—अनासक्ति।''

—मीस्टर एखार्ट

व्यावहारिक सुझाव

- अपने जीवन में उन चीजों को पहचानें, जिनसे आप बहुत प्यार करते हैं। उनमें से एक को चुनकर एक हफ्ते के लिए उसके बगैर जीने का प्रयास करें।

□

59

कभी, कभी, कभी हार न मानें

दुःखी और निराश एक शौकिया लेखक अपनी रचना प्रकाशित करने के लिए एक प्रकाशक से मिलने की उम्मीद खो चुका था। घोर निराशा के एक क्षण में उसने अपना पांडुलिपि कूड़ेदान में फेंक दिया।

उस पांडुलिपि को कूड़ेदान में देखकर उसकी पत्नी ने उसे उठाकर सहेजकर उसके सामने रख दिया, ''मेरे प्रिय नॉर्मन, तुम हार नहीं मान सकते। तुम्हारी रचना पर लोगों का ध्यान जाएगा और निश्चय ही वे उसे पसंद करेंगे। इसलिए काम में लगे रहो।''

वह लेखक थे नॉर्मन विंसेंट पील और विडंबना यह थी कि पुस्तक का शीर्षक था, 'द पावर ऑफ पॉजिटिव थिंकिंग' (सकारात्मक सोच की शक्ति), जो बाद में प्रेरक सबसे अधिक बिकने वाली पुस्तक साबित हुई।

सकारात्मक सोचवाला व्यक्ति जीवन में आनेवाली समस्याओं का बहादुरी से सामना कर सकेगा और कभी थकान महसूस नहीं करेगा। वह रास्ते में आनेवाली हर बाधा को सीढ़ी बना लेगा। वह जानता है कि एक आदमी तब तक असफल नहीं होता, जब तक कि उसने हार न मान ली हो। और वह कभी हार नहीं मानता।

अर्नेस्ट हेमिंग्वे को उनकी पुस्तक 'द ओल्ड मैन एंड द सी' (समंदर और

बूढ़ा आदमी) के लिए नोबेल पुरस्कार दिया गया था। कहा जाता है कि उन्होंने पांडुलिपि को प्रकाशक के पास भेजने से पहले उसे चालीस से अधिक बार संशोधित किया था।

सकारात्मक सोचवाला व्यक्ति कभी हार नहीं मानता। उसे तीन चीजों में विश्वास होता है। वह ईश्वर में विश्वास रखता है; वह स्वयं में विश्वास रखता है; वह अपने आस-पास की दुनिया में विश्वास रखता है। वह जानता है कि वह जो कुछ भी करता है, उसका प्रत्युत्तर कहीं-न-कहीं, किसी तरह जरूर मिलेगा।

''एक डाक टिकट पर गौर कीजिए; उसकी उपयोगिता इस तथ्य में निहित है कि अपने गंतव्य पर पहुँचने तक वह एक ही चीज से चिपका रहता है।''

—जोश बिलिंग्स

व्यावहारिक सुझाव

- कल्पना कीजिए कि आपका मन एक उपवन है। वहाँ पौधों और फूलों को निहारिए। जब आप पौधों के बीच झाड़-झंखाड़ को देखते हैं तो क्या करते हैं? उन्हें उखाड़ फेंकते हैं।
- नकारात्मक विचारों—असफलता और कमजोरी के विचारों—के साथ भी यही कीजिए।
- तब आपके मन का बगीचा हमेशा ताजा और सुगंधित रहेगा।

□

60

कभी बुरा न मानें

उदय सिंह के पास वाणिज्य में स्नातक की डिग्री थी, परंतु वह बेरोजगार था। रोजी-रोटी कमाने के दबाव में उसने थोड़ी सी रकम उधार ली और विभिन्न वस्त्रों की एक छोटी सी दुकान खोल ली।

पहले ही दिन एक धनवान स्त्री उसकी दुकान में आई और शिकायत करने लगी यहाँ पर छोटे-मोटे वस्त्रों के अतिरिक्त कुछ भी नहीं है और दुकान से बाहर चली गई। उदय ने उसकी बात का बुरा नहीं माना, न क्रोधित हुआ। बल्कि उसने उसे धन्यवाद दिया और अगले दिन अपनी दुकान के बाहर एक बोर्ड लगवा दिया, छुट-पुट वस्तुएँ और कई तरह की वस्तुएँ रखने लगा।

बेचने के लिए रखी वस्तुओं की विविधता के कारण दुकान चल निकली।

अगर हम चीजों को एक नए और सकारात्मक नजरिए से देखें तो हमें बहुत लाभ हो सकता है।

''एक निराशावादी हर अवसर में कठिनाइयाँ देखता है; एक आशावादी हर कठिनाई में अवसर खोज लेता है।''

—विंस्टन चर्चिल

व्यावहारिक सुझाव

- क्या आप सकारात्मक आलोचना के लिए अपना दिलो-दिमाग खुला रखते हैं? अगर आपका उत्तर 'नहीं' है तो आत्मिक उत्थान की आशा न रखें। अगर आपका जवाब है 'हाँ,' तो आप आसमान छू सकते हैं।

□

61

ऐसी शक्ति—जिसका नाम ईश्वर है

शहर में रहनेवाले एक आदमी ने अपने देहाती चचेरे भाई को आमंत्रित किया। अपने शहरी भाई के घर अद्‌भुत बिजली के विविध उपकरणों को देखकर देहाती दंग रह गया। उसके आश्चर्य की सीमा न रही, जब एक लिफ्ट के जरिए बिल्डिंग की पंद्रहवीं मंजिल पर स्थित उसके भाई के दफ्तर ले जाया गया।

''यह तो बिल्कुल अविश्वसनीय है! यह एक चमत्कार है!''

देहाती ने आश्चर्य से कहा, ''तुम तो महान् हो मेरे भाई! बस एक बटन दबाकर तुमने सबको इतना ऊपर पहुँचा दिया!''

वे चौदहवीं मंजिल पर पहुँचने ही वाले थे कि तभी बिजली गुल हो गई। लिफ्ट वहीं रुक गई और अँधेरा छा गया।

''क्या तुम कुछ कर नहीं सकते?'' बुरी तरह घबराए देहाती ने पूछा। उसके धनवान चचेरे भाई को स्वीकार करना पड़ा कि वह असल में बिजली ही है, जो इतने 'चमत्कारी' उपकरणों को चलाती है। बिजली के बिना वह कुछ नहीं कर सकता।

हमारे शरीर के लिए भी यही बात सत्य है; वह आत्मा है जो शाश्वत, अनंत है। शरीर एक भौतिक अस्तित्व है, जो नाशवान है; जब आत्मा चली जाती हैं, तो शरीर मरकर धराशायी हो जाता है।

"आत्मा को किसी शस्त्र से काटा नहीं जा सकता, न किसी आग से जलाया जा सकता है, न जल से भिगोया या हवा से उड़ाया जा सकता है।"

—भगवद्गीता

व्यावहारिक सुझाव

- जब आप शांत बैठे हों, अपने आप से ये सवाल पूछें—मैं कौन हूँ? इस पृथ्वी पर मेरे आने का मकसद क्या है? मैं कहाँ से आया हूँ? मैं जा कहाँ रहा हूँ?

□

62

जब गांधी का मन द्रवित हुआ

एक बार गांधीजी और कस्तूरबा गांधी एक गाँव का दौरा कर रहे थे। जहाँ गांधीजी गाँव के आदमियों से बातें करने में व्यस्त थे, 'बा' स्त्रियों के बीच चली गईं और उनसे स्वच्छता तथा व्यक्तिगत स्वास्थ्य विषय पर बातें करने लगीं।

"आपको हर रोज नहाना चाहिए," उन्होंने समझाया, "और उसके बाद धुले हुए साफ कपड़े पहनने चाहिए।"

एक गरीब स्त्री 'बा' को अपनी झोंपड़ी में ले गई और बोली, " 'बा', मेरे पास बस यही कपड़े हैं, जो मैंने पहने हुए हैं। मैं कैसे हर रोज उन्हें बदलकर धुले हुए कपड़े पहन सकती हूँ?"

उस स्त्री के हालात देखकर 'बा' को गहरा आघात लगा। उन्होंने उसी दिन इस घटना के बारे में गांधीजी से बात की।

"हम इन लोगों के लिए क्या कर सकते हैं?" दु:खी मन से उन्होंने पूछा। उन दिनों गांधीजी पारंपरिक भारतीय वेशभूषा में रहते थे—धोती, कुर्ता, अंगवस्त्र और पगड़ी। उन्होंने उसी वक्त फैसला किया कि वे आगे से सिर्फ धोती पहनेंगे, क्योंकि उनके बहुतेरे भाई-बहनों के तन पर कपड़े नहीं हैं।

करुणा आपको दूसरों के दर्द और समस्याएँ अनुभव करने में समर्थ बनाती है।

"जैसे भूख स्वाभाविक रूप से भोजन की माँग करती है, एक दुःखी व्यक्ति को राहत पहुँचाने के लिए प्रकृति भी दूसरों से सहानुभूति की माँग करती है।"

—जोसफ बटलर

व्यावहारिक सुझाव

- एक शाम के लिए अपना एक हाथ या एक पैर को निष्क्रिय कर अपने रोजमर्रा के काम दूसरे हाथ या पैर से करने की कोशिश करें। ऐसा करने से आपको एक विकलांग के दर्द और संघर्ष को अनुभव करने में मदद मिलेगी।

□

63

उसकी खातिर

हम प्रेम में जो कुछ भी देते हैं, वह हम ईश्वर को ही अर्पण करते हैं। सेवा का पहला फल सेवा प्राप्तकर्ता नहीं, बल्कि दाता होता है, क्योंकि इससे वह ईश्वर के और निकट हो जाता है।

एक नन्ही बच्ची बहुत नेक थी। वह बहुत धनी व्यक्ति की एकमात्र पुत्री थी। बड़ी हुई तो वह बहुत सुंदर युवती बन गई। जो कोई भी उसे देखता, उसकी सुंदरता की तारीफ करता रह जाता। हालाँकि वह लड़की बहुत अलग तरह की थी, क्योंकि वह सदैव जरूतमंदों की मदद करती और उनके चेहरों में वह ईश्वर की छवि देखती।

वह हर दिन कुष्ठ रोगियों की बस्ती में सेवा करने जाती थी। वह कुष्ठ रोगियों की प्यार से देख-भाल करती, पीप बह रहे घाव साफ करती और अच्छी तरह से उनकी मरहम-पट्टी करती। वह उन्हें भोजन कराती और जो लोग खुद अपने हाथ से भोजन नहीं कर पाते थे, उन्हें वह अपने हाथों से भोजन कराती।

एक दिन उसके पिता का एक मित्र उस बस्ती में आया। वह उस लड़की को देखकर दंग रह गया। वह लड़की उसे बहुत अद्भुत लगी, जवान, बेहद सुंदर और जीवन तथा ऊर्जा से भरपूर! जिन लोगों को उनके परिवारजनों तक ने छोड़ दिया था, वह उन्हीं की सेवा में प्रसन्नता महसूस कर रही थी।

उसके पिता का मित्र अपनी भावनाओं पर नियंत्रण नहीं रख पाया।

“तुम यह सब क्यों कर रही हो?” पिता के मित्र ने पूछा, “मुझे तो कोई लाखों रुपए दे, तब भी मैं यह काम न करूँ।”

लड़की मुस्कारने लगी, “मुझे भी सारी दुनिया की दौलत देकर यह काम करने पर मजबूर नहीं किया जा सकता।”

अपने गले में पड़े भगवान् श्रीकृष्ण के लॉकेट की ओर इशारा करती हुई वह बोली, “मैं तो यह सब इनके लिए करती हूँ।”

उसकी करुणा उसकी भक्ति में समाहित थी, जिसके लिए वह उन पीड़ितों की सेवा करती थी और उसे लगता था कि वह ईश्वर की ही सेवा कर रही है।

“जब हम दूसरों तक पहुँचने के लिए स्वयं को ईश्वर का साधन बना लेते हैं, तब सभी कार्य उसकी कृपा बन जाते हैं।”

—जनोक्ति

व्यावहारिक सुझाव

- आज पाँच कार्य ईश्वर के नाम पर करो। वे कार्य एक कप चाय बनाने जितने सरल हो सकते हैं। वह कार्य अपनी ओर से पूरे स्नेह और लगन से करो। अपने मन में कहते रहो, “श्रीकृष्ण अर्पणम्”

□

64

धन्य हैं वे, जो क्षमा कर देते हैं

जॉर्ज वाशिंगटन और पीटर मिलर सहपाठी थे। दोनों घनिष्ठ मित्र थे। समय ने दोनों जीवनधाराओं को बदल दिया और उन्हें अलग-अलग मार्गों पर ले गया। जॉर्ज वाशिंगटन अमेरिका के राष्ट्रपति और पीटर मिलर ईश्वरीय संदेशवाहक बन गए।

अब पीटर मिलर का एक दुश्मन था, जिसका नाम था माइकल ह्विटमेन। अकसर ऐसे लोग होते हैं, जिन्हें अच्छा काम करनेवाले लोगों की राह में काँटे बिछाना अच्छा लगता है। असुरी प्रवृत्ति से ग्रस्त, वे नेक लोगों को नीचा दिखाने में लगे रहते हैं। बीस वर्षों के लंबे समय तक माइकल, पीटर को परेशान करता रहा। अमेरिका की आजादी की लड़ाई में माइकल की भूमिका थी और उसे एक देशद्रोही करार दिया गया था। उसे मौत की सजा सुनाई गई थी। माइकल के पास अपनी जान बचाने का एक ही मौका था कि वह राष्ट्राध्यक्ष से अपनी जान बख्शने के लिए याचना करें। परंतु उसकी पैरवी करनेवाला कोई न था।

पीटर मिलर के साथ माइकल ने हमेशा बदसलूकी की थी और उसे सताया था, उन्हें उससे सहानुभूति हुई। वह जानता था कि माइकल की मौत की सजा केवल देश के राष्ट्रपति द्वारा रद्द की जा सकती थी, जो उस समय संयोग से उनके बचपन के मित्र और सहपाठी जॉर्ज वाशिंगटन थे। राष्ट्रपति का कार्यालय पीटर के घर से सत्तर मील दूर था। उनके पास परिवहन का कोई साधन नहीं था। माइकल

की मौत की सजा रद्द करने की याचना के उद्देश्य से राष्ट्रपति से मिलने वे सत्तर मील पैदल चले।

जॉर्ज वाशिंगटन अपने मित्र पीटर से मिलकर बहुत खुश हुए। "कहिए, मैं आपके लिए क्या कर सकता हूँ?" गर्मजोशी और स्नेह से अपने मित्र का स्वागत करने और कुछ हल्की-फुलकी बातें करने के बाद उन्होंने पूछा।

पीटर ने जवाब दिया, "जॉर्ज, हमारी दोस्ती की खातिर आपको मुझ पर एक उपकार करना होगा। मैं जानता हूँ, आप मुझसे बहुत प्यार करते हैं। यही प्यार मुझे आपसे माइकल ह्विटमेन की मौत की सजा रद्द करने की वकालत करने के लिए प्रेरित कर रहा है।"

जॉर्ज वाशिंगटन को आश्चर्य हुआ। "पीटर, मैं एक देशद्रोही को कैसे माफ कर सकता हूँ? उसने बहुत गंभीर अपराध किया है। मुझे खेद है, मैं आपके दोस्त की कोई मदद नहीं कर सकता। माइकल को मौत की सजा झेलनी होगी। उसे माफ करना मेरे लिए असंभव है।"

पीटर फिर भी माइकल की पैरवी करते रहे, "आप गलत समझ रहे हैं। माइकल मेरा दोस्त नहीं है। पिछले बीस सालों से वह मेरा दुश्मन रहा है। मैंने जो भी काम हाथ में लिया, उसने उसका हमेशा विरोध किया है।"

"फिर इस बारे में सब कुछ भूल जाइए," वाशिंगटन ने कहा। "उसे माफ करने का तो सवाल ही नहीं उठता, क्योंकि वह आपका कट्टर दुश्मन है।"

पीटर ने जॉर्ज को बताया कि माइकल ने उन्हें किस-किस तरह से परेशान किया था। इतना कुछ होने के बावजूद वह माइकल के लिए याचना करने के लिए सत्तर मील चलकर आए थे।

पीटर की बातें वाशिंगटन के दिल को गहराई तक छू गईं। उन्होंने कहा, "अगर आप अपने कट्टर दुश्मन को माफ करके उसकी पैरवी कर सकते हैं तो मैं समझता हूँ, सर्वशक्तिमान ईश्वर स्वयं माइकल के लिए याचना कर रहा है। मैं आपकी प्रार्थना से सहमत होकर उसकी मौत की सजा रद्द कर दूँगा, क्योंकि अपने दुश्मन को प्यार करने और जिन्होंने आपके साथ दुर्व्यवहार किया है, उन्हें माफ करने के लिए बहुत बड़ा दिल चाहिए।"

जो व्यक्ति हमसे दुर्व्यवहार करता हो, गालियाँ देता हो, उसकी मदद करना, उससे प्यार करना असंभव है। वह भले ही हमसे नफरत करे, हमें उसके बुरे दिनों में उसके काम आना, उससे मीठा बोलना और उसकी बुराई का बदला अच्छाई से देना चाहिए।

''प्रेम, प्रेम यहाँ तक कि अपने शत्रु से भी प्रेम करें। वह चाहे तुम्हें काँटा समझ घृणा करे, तुम गुलाब की तरह खिल उठोगे।''

—साधु वासवानी

व्यावहारिक सुझाव

- अपने स्कूल, कॉलेज के दिनों में विभिन्न लोगों के साथ हुए लड़ाई-झगड़ों को याद कीजिए। उन प्रकरणों ने उन दिनों आपको कितना दुःखी और क्रोधित किया होगा। पर अब वे सब बातें कितनी महत्त्वहीन लगती हैं। क्या वे सब इतनी कीमती भावनात्मक ऊर्जा खर्च करने के लायक थे?
- लोगों के साथ वर्तमान में हो रही अनबन और गुस्सा भी उतने ही महत्त्वहीन हैं और इस लायक नहीं हैं कि उन पर आपकी सकारात्मक ऊर्जा खर्च की जाए।

□

65

ईश्वर की इच्छा सर्वोपरि

श्री लोकमान्य तिलक के जीवन की एक हृदयस्पर्शी घटना है, जो भगवान् श्रीकृष्ण की शिक्षा को चरितार्थ करती है।

सन् 1902 में पुणे शहर प्लेग की महामारी का शिकार हो गया था। सैकड़ों लोग अपनी जान गँवा चुके थे और हर परिवार में मौतें हुई थीं।

तिलक का परिवार भी अछूता नहीं था। वे अपना छोटा बेटा विश्वनाथ और दो प्रिय भतीजे खो चुके थे—एक ही हफ्ते के भीतर।

एक घनिष्ठ मित्र सहानुभूति प्रकट करने के लिए तिलक के पास आया। ''यह तो बहुत ही बुरा हुआ,'' वह उस महान् दार्शनिक और चिंतक से बोले, ''तीन-तीन जवान लड़कों को एक साथ खो देना किसी के लिए भी सहन करना बहुत कठिन है।''

''परंतु यह ईश्वर की इच्छा है, जिसे हमें स्वीकार करना चाहिए,'' ब्रह्मज्ञानी लोकमान्य तिलक ने कहा, ''ऐसा लगता है कि मृत्यु के देवता ने होली की अग्नि प्रज्वलित की है, जिसमें सभी को अपने-अपने हिस्से के उपलों की आहुति देनी है। हम अपना हिस्सा देने में पीछे कैसे रह सकते हैं?''

''जो कुछ हो चुका है, उसे स्वीकार करना किसी भी विपत्ति के परिणामों से ऊपर उठने का पहला कदम है।''

—विलियम जेम्स

व्यावहारिक सुझाव

- आज ही इन चीजों को स्वीकार करने का प्रयास करें—
    1. खाने के लिए आपको जो कुछ भी मिले, उसे स्वीकार करें, भले ही उसका स्वाद अप्रिय हो।
    2. इस बात की शिकायत किए बिना कि आज मौसम बहुत गर्म या बहुत ठंडा है, उसे स्वीकार करें।
    3. सड़क पर लगे जाम को स्वीकार करें।
    4. किसी अनपेक्षित अप्रिय घटना को स्वीकार करें।

□

66

प्रेम का चमत्कार

एक आदमी बुरे कामों में अपना जीवन बिता रहा था—वह शराब पीता, जुआ खेलता और अपनी पत्नी को मारता-पीटता था। उसकी पत्नी और बच्चों को साधु वासवानी के सत्संग से शांति मिलती थी। उसे ये पसंद नहीं था।

एक दिन वह साधु वासवानी के पास आया और घूँसा तानते हुए उनसे बोला, ''काश, तुम्हें पता होता कि मैं तुमसे कितनी नफरत करता हूँ।''

साधु वासवानी ने उस आदमी को प्यार भरी दृष्टि से देखा और बोले, ''काश, तुम जानते कि मैं तुमसे कितना प्यार करता हूँ!''

साधु वासवानी के शब्दों में न जाने क्या था? वह आदमी उनके चरणों पर गिर पड़ा और उनसे क्षमा याचना करने लगा। उसका जीवन बदल गया। उसने बुरे कामों से मुँह मोड़ लिया। वह हर शाम अपनी पत्नी और बच्चों के साथ सत्संग में आने लगा।

''अँधेरा कभी अँधेरे को भगा नहीं सकता; केवल प्रकाश ऐसा कर सकता है। नफरत कभी नफरत को भगा नहीं सकती; केवल प्यार ऐसा कर सकता है।''

—मार्टिन लूथर किंग जूनियर

व्यावहारिक सुझाव

- आज ही विजेता बनने का निर्णय लीजिए। अपने विरोधी को प्यार से जीतिए। अगर कोई आपको गाली देता है या दुर्व्यवहार करता है या असभ्यता से बात करता है, तो बदले में आप उससे अच्छे से पेश आइए। आपकी अच्छाई उसे जीत लेगी।

□

67

आपके राज्य का विस्तार कहाँ तक ?

राजा जनक को निष्काम कर्म के उत्कृष्ट उदाहरण के रूप में जाना जाता है। मैं आपको एक सुंदर कहानी सुनाता हूँ, जिससे राजा जनक की उच्चतर समझ की झाँकी मिलती है।

एक बार भगवान् विष्णु ने एक ब्राह्मण का वेश धारण किया और राजा जनक के दरबार में एक ऐसे आदमी के रूप में पेश हुए, जिसने एक जघन्य अपराध किया हो। उस अपराध की उचित सजा थी राज्य से निष्कासन और राजा ने उस ब्राह्मण को राज्य से निकाल दिए जाने की सजा सुनाई।

ब्राह्मण ने दी गई सजा को सिर झुकाकर स्वीकार किया और राजा से पूछा, ''महामहिम, क्या आप यह बताने की कृपा करेंगे कि आपके राज्य का विस्तार कहाँ तक है?''

जनक चकित रह गए। उस ज्ञानी राजा ने समझ लिया कि उनके पुरखों द्वारा शासित राज्य असल में उनका नहीं था। यहाँ तक कि उनका शरीर भी उनका नहीं था, क्योंकि वह ईश्वर का एक उपकरण मात्र था! दूसरी ओर, आत्मा के हिसाब से देखा जाए तो पूरा ब्रह्मांड उनका था!

यह बोध मन में आते ही राजा ने कहा, ''हे ब्राह्मण! मेरी आत्मा का राज्य अनंत है! आप खुशी से रहिए, जहाँ आपका जी चाहे।''

जनक सचमुच ज्ञानी थे। वे आत्मा की अनश्वरता और असीमता को समझ गए थे।

"मानव होने के चलते हम सब दुःख-तकलीफों से मुक्त और सुखी होना चाहते हैं। हमने सीखा है कि सुख की कुंजी आंतरिक शांति में है। आंतरिक शांति हासिल करने में सबसे बड़ी बाधाएँ क्रोध, अनुराग, भय और संदेह जैसी अशांतिजनक भावनाएँ हैं, जबकि प्रेम, सहानुभूति तथा सार्वभौमिक उत्तरदायित्व का बोध शांति और सुख के स्रोत हैं।"

—दलाई लामा

व्यावहारिक सुझाव

- इस सच्चाई के बोध को मन में बिठाने का अभ्यास करें कि हम इस धरती पर बहुत थोड़े समय के लिए हैं। अत्यधिक भोग, मौज-मस्ती, अपेक्षाओं और अनुराग से बचें।
- तब मृत्यु के समय मोह-माया से पीछा छुड़ाना आपके लिए आसान होगा।

□

68

बस! अब बहुत हो चुका

एक बहुत ही दिलचस्प नीतिकथा है, जो परोधर्म और स्वधर्म के बीच अंतर की ओर हमारा ध्यान आकृष्ट करती है।

एक गरीब देहाती के पास दो पालतू जानवर थे—एक गधा और एक कुत्ता। गधा हर रोज अपने मालिक का सामान अपनी पीठ पर लादकर ले जाता था। उसे कभी सहलाया या प्यार से थपथपाया नहीं जाता था। दूसरी ओर, हर समय दरवाजे के पास बँधा कुत्ता सारे अजनबियों पर भौंकता रहता था। वह अपने मालिक के सामने पूँछ हिलाता और मालिक उसे प्यार से दुलारता तथा हर तरह से उसका ध्यान रखता था।

ईर्ष्यावश एक दिन गधे ने कुत्ते से कहा, ''काश, मैं तुम होता, चाहे थोड़ी देर के लिए ही सही!''

''क्यों नहीं?'' कुत्ते ने कहा, ''आज रात अपने-अपने काम बदल लेते हैं। मैं लेटकर खर्राटे भरता रहूँगा, जैसा तुम हर रात करते हो। तुम मेरी जगह रहोगे और चोरों पर नजर रखोगे।''

''पक्का,'' गधा राजी हो गया। ''पर याद रखना, कल मालिक का सामान तुम्हें ले जाना है।''

कर्तव्यों की अदला-बदली हो गई दोनों जानवरों ने मोर्चा सँभाल लिए। गधे की किस्मत देखो, एक चोर उस झोंपड़ी की ओर ही आ रहा था। सहज वृत्तिवश कुत्ता जाग गया और उसने गधे को उकसाया, ''अब जल्दी करो।

मालिक को सावधान कर दो।''

गधा जोर-जोर से रेंकने लगा। उसका मालिक, जो गहरी नींद में था, गधे के रेंकने की कर्कश आवाज से इतना क्रोधित हुआ कि उसने घर से निकलकर गधे को बुरी तरह से पीटा। बेशक, यह सब शोर-शराबा सुनकर चोर भाग गया, इसलिए गृहस्वामी को पता भी नहीं चला कि गधे ने उसके लिए क्या किया था।

बुरी तरह से पिटे गधे ने कराहते हुए, अपने मित्र कुत्ते से कहा, ''अब बहुत हो चुका! तुम अपना कर्तव्य निभाओ और मैं अपना निभाऊँगा।''

हम सभी को अपने-अपने कर्तव्य निभाने चाहिए। आपको कर्तव्य सम्मानजनक न होने पर भी, उसे छोड़कर दूसरे की सम्मानजनक कर्तव्य निभाने की कोशिश नहीं करनी चाहिए। अपना कर्तव्य निभाते हुए मर जाना भी बेहतर है।

''दूसरे का कर्तव्य कुशलता से निभाने से बेहतर है, अपना कर्तव्य निभाना; चाहे वह कितना ही असम्मानजनक क्यों न हो। स्वधर्म करते हुए मर जाना बेहतर है, क्योंकि दूसरे का कर्तव्य निभाना खतरनाक है।''

—भगवद्गीता

व्यावहारिक सुझाव

- 'भगवद्गीता' में भगवान् श्री कृष्ण द्वारा दी गई इस शिक्षा पर अमल करें—''आपको अपना निर्दिष्ट कर्तव्य निभाना होगा, परंतु उसके फल पर आपका अधिकार नहीं है।'' इसलिए बिना किसी फल की अपेक्षा किए, अपना कर्तव्य निभाएँ।

□

69

एक शहंशाह ने कैसे सबक सीखा

वह गर्मियों की रात थी जब शहंशाह शाहजहाँ अपने शयनकक्ष में आराम कर रहा था, उसे अचानक प्यास लग आई। जैसी उसकी आदत थी, उसने ताली बजाई, परंतु संयोग से महल का कोई सेवक आस-पास नहीं था।

उसने कुछ देर इंतजार किया, फिर अपने शाही पलंग से उठा और पानी की सुराही के पास गया, जो हमेशा उसके पलंग के पास रखी जाती थी। चाँदी की वह सुराही बिल्कुल खाली थी।

अब तक प्यास से शहंशाह का गला सूखने लगा था। वह अपने शयनकक्ष से सटे घेराबंद आँगन में गया, क्योंकि वह जानता था कि वहाँ एक कुआँ है। उसने कुएँ से पानी निकालने का प्रयास किया, परंतु चूँकि वह कुएँ से पानी निकालने का अभ्यस्त नहीं था, पानी से भरी बाल्टी को अपनी तरफ खींचते हुए उसका बायाँ हाथ रस्सी और गरारी के बीच फँस गया और उसे चोट लग गई। उसे चोट अचानक और गहरी लगी थी तथा दर्द के कारण उसके मुँह से एक चीख निकल गई।

उस क्षण उसके मन में यह विचार कौंधा कि वह एक शहंशाह है, परंतु इतना अकुशल है कि अपनी प्यास बुझाने के लिए कुएँ से पानी निकालने का साधारण-सा काम भी नहीं कर सकता।

''ओ मेरे रहमदिल खुदा,'' उसने कहा, ''इस अनुभव के लिए, मैं तेरा

शुक्रगुजार हूँ। मैं कितना मूर्ख और अकुशल हूँ, फिर भी मेहरबानी से तूने मुझे एक शहंशाह बना दिया है।''

''उनसे बढ़कर कोई नहीं है, जो अपनी गलतियों में सुधार के लिए हमेशा तत्पर रहते हैं।''

—विलियम सेफायर

व्यावहारिक सुझाव

- हमारे जीवन में आए सभी सुंदर अनुभव ईश्वर से मिले उपहार हैं। हमारी बुद्धि, हमारी प्रतिभा, हमारी योग्यता, ये सब उसी की कृपा और आशीर्वाद के कारण हैं।

□

70

बाहरी दिखावा

एक धनवान व्यापारी ने एक संत को अपने नए घर में दोपहर के भोजन पर आमंत्रित किया था। जब वह संत उसके आलीशान निवास के प्रवेश द्वार पर पहुँचे, तो वहाँ के पहरेदारों ने उन्हें एक भिखारी समझकर वहाँ से भगा दिया।

कुछ मिनट बाद, संत महँगी सुनहरी रेशमी शॉल ओढ़कर वापस लौटे, उस शॉल ने उन्हें तुरंत व्यापारी के घर में प्रवेश दिलवा दिया।

''जब मैं अपने गेरुए वस्त्र में आपके घर आया, तो आपके नौकरों ने मुझे घर में घुसने नहीं दिया।'' संत ने व्यापारी से कहा।

''यह तो बिल्कुल स्वाभाविक है, स्वामीजी,'' व्यापारी ने दंभपूर्वक कहा, ''आज शहर के जाने-माने लोग यहाँ जमा हैं और यह पूरी तरह से उचित है कि वे मेहमानों को सर्वोत्तम वेशभूषा में देखें। आपको इस शानदार शॉल में देखकर अब वे समझ गए हैं कि आप एक बड़ी हस्ती हैं!''

संत मुस्कराए; जवाब में उन्होंने एक शब्द भी नहीं कहा। जब वे खाने के लिए बैठे, तो उनके सामने पूरे छप्पन भोग सजे हुए थे। धनवान मेहमान जल्दी-जल्दी खाने लगे। वे किसी भी व्यंजन के स्वाद से वंचित रहना नहीं चाहते थे।

जहाँ तक संत का प्रश्न था, उन्होंने चुपचाप अपने कंधे से शॉल उतारी। उसके नीचे वे अब भी गेरुए वस्त्र पहने हुए थे। उन्होंने शॉल को मेज पर बिछा

दिया और व्यंजनों को एक-एक करके उस पर रखना शुरू कर दिया। भाप छोड़ती गर्म सब्जियाँ, मलाईदार खीर, सुगंधित चावल, रोटियाँ, बढ़ाई मिष्ठान पर सारी चीजों का ढेर बना दिया गया।

"स्वामीजी!" बुरी तरह लज्जित होते हुए मेजबान ने पूछा, "यह आप क्या कर रहे हैं?"

"मेरे मित्र, मैं यह महसूस कर रहा हूँ कि मैं वह मेहमान नहीं हूँ, जिसे आपने भोजन पर बुलाया है।" संत ने विनम्रता से जवाब दिया, "जब मैं अपने सादे वस्त्रों में आया, मुझे प्रवेश नहीं करने दिया गया। अतः यह शॉल ही है, जिसने आपको मेरा स्वागत करने और अपने अतिथियों के साथ मुझे मेज पर बिठाने के लिए प्रेरित किया। इसलिए यह शॉल ही आपकी मेहमान है और कायदे से वही आपकी इस शानदार मेहमान-नवाजी को ग्रहण करने की हकदार है। जहाँ तक मेरा सवाल है, मैं आपकी इस शानदार दावत में कुछ भी खाने का हकदार नहीं हूँ। इसलिए मुझे जाने की इजाजत दीजिए।"

हम अकसर एक व्यक्ति के बाहरी रूप-रंग से उसे आँकते हैं और उसकी वास्तविक महत्ता पर ध्यान नहीं देते।

"जहाँ सादगी, अच्छाई और सच्चाई नहीं है, वहाँ कोई महानता नहीं है।"

—लियो निकोलाइविच टॉल्सटाय

व्यावहारिक सुझाव

- कभी समय निकालकर गैर-जरूरी सामान को हटाकर घर को सादगी से सजाएँ। क्या आपके घर में ऐसी अटारियाँ, अलमारियाँ या गैरेज हैं, जिनमें दुनिया भर की ऐसी चीजें भरी पड़ी हैं, जिनका आप कभी इस्तेमाल नहीं करते; उन्हें सिर्फ इसलिए रखा गया है कि 'क्या पता, किसी दिन उनकी जरूरत पड़ जाए।' कुछ घंटों का समय निकालें, इन सारी चीजों का मुआयना करें और फालतू सामान को बक्सों में भरकर उन्हें दान कर दें। उनसे छुटकारा पाकर आप राहत महसूस करेंगे।

□

71

ईश्वर परोपकारी से प्यार करता है

करबला के शहीद हुसैन के बारे में एक कथा प्रचलित है। एक बार वे रात्रि के भोजन के लिए बैठे थे कि एक गुलाम ने अनजाने में उनके घुटनों पर गर्म-गर्म सब्जी गिरा दी।

गुलाम डर से काँप उठा; उसने पवित्र कुरान से एक आयत सुना डाली, "जन्नत उसकी है, जो अपने गुस्से को काबू में रखता है।"

हुसैन ने जवाब दिया, "मैं गुस्सा नहीं हूँ।"

गुलाम ने आयत जारी रखी, "जन्नत उसकी है, जो अपने भाई को माफ कर देता है।"

और हुसैन ने कहा, "मैं तुम्हें माफ करता हूँ!"

गुलाम ने आयत को समाप्त करते हुए कहा, "क्योंकि अल्लाह परोपकारी से प्यार करता है।"

हुसैन ने तुरंत जवाब दिया, "मैं तुम्हें आजाद करता हूँ! अब से तुम गुलाम नहीं हो। मैं तुम्हें चाँदी के चार सौ सिक्के देता हूँ। एक आजाद आदमी की तरह यहाँ से जाओ।"

"गलती करना मानवीय है, क्षमा करना ईश्वरीय है।"

—एलेक्जेंडर पोप

व्यावहारिक सुझाव

- आज इस तथ्य पर विचार करें कि दूसरों की गलतियों पर चिल्लाना, अधीर या चिढ़ना व्यर्थ है और ऐसा करके आप उसे बदल नहीं सकते, जो पहले ही घटित हो चुका है। इसलिए इन घटनाओं को स्वीकार करना सीखें और अपनी सकारात्मक ऊर्जा बचाकर रखें, ताकि आप गलती करनेवाले को सही सलाह दे सकें और जो कुछ गलत हुआ है, उसे ठीक कर सकें।

□

72

अपना काम अच्छी तरह करो

यह महत्त्व नहीं रखता कि हम क्या करते हैं; महत्त्वपूर्ण यह है कि हम उसे किस तरह से करते हैं।

एक बड़े नेता राष्ट्रपति का चुनाव लड़ रहे थे। वे एक विशाल जनसभा को संबोधित कर रहे थे। ऐसे में भीड़ से एक असंतुष्ट उठा और चिल्ला-चिल्लाकर कहने लगा, ''आज आप इस देश के राष्ट्रपति बनना चाहते हैं। परंतु जनता के सामने अपने भूतकाल से जुड़े एक सच को अभी स्वीकार कीजिए—क्या यह सच नहीं है कि कुछ साल पहले आप मात्र एक मोची थे?''

नेता उस आदमी की भड़ास से जरा भी विचलित नहीं हुए। वे मुस्कराकर बोले, ''यह सच है कि मैं मात्र एक मोची था; पर मैं जूते अच्छे गाँठता था!''

भीड़ ने उनका जवाब सुना और तालियों से उनकी सराहना की। उन्होंने अपने सामने एक आदमी को देखा, जो कर्तव्य-निष्ठा की प्रतिमूर्ति था—वह जो कुछ भी करता था, अच्छी तरह से करता था। उसे जो भी काम सौंपा जाएगा, वह उसे अच्छी तरह से करेगा।

''अपने कर्तव्य का पालन अच्छी तरह से करें, क्योंकि कर्म करना निष्क्रिय रहने से निश्चय ही बेहतर है।''

—भगवद्गीता

व्यावहारिक सुझाव

- हममें से प्रत्येक को कोई काम करने की जिम्मेदारी उठानी पड़ती है। अपना कर्तव्य निभाने का सबसे अच्छा तरीका उसे एक आध्यात्मिक अभ्यास मान कर किया जाए।
- काम शुरू करने से पहले यह प्रार्थना करें—

  "हे ईश्वर, आशीर्वाद दें
  कि मैं अपने कर्म में
  तेरी ही झलक देखूँ।
  अपने इस प्रयास में
  मैं सफल रहूँ, न रहूँ,
  पर उसे इतनी निष्ठा से करूँ
  कि वह मुझे तेरे पास ले जाए।"

□

73

एक अनुपम उदाहरण

एक प्रतिष्ठित स्पेन के जनरल शत्रु देश से युद्ध लड़ रहे थे, वे उस समय घोर दुविधा में पड़ गए, जब उनका इकलौता बेटा दुश्मनों के कब्जे में आ गया। उन्होंने पुत्र को अपने पिता से फोन पर बात करने के लिए मजबूर कर दिया।

''पिताजी, मेरा जीवन खतरे में है,'' लड़के ने याचना की, ''मेरे अपहर्ता कह रहे हैं कि वे मेरी जान बख्श देंगे और मुझे आजाद कर देंगे, अगर आप उनकी चौकी से स्पेन की सेना को हटा लें।''

''मेरे प्यारे बेटे, तुम जानते हो कि मैं तुम्हें प्यार करता हूँ और तुम्हारे लिए कुछ भी कर सकता हूँ'', जनरल ने कहा। ''परंतु मैंने तुम्हारी परवरिश इस तरह से की है कि तुम एक सच्चे स्पेनवासी, देशभक्त बनो। और तुम जानते हो कि हम पर हमारी मातृभूमि का बहुत भारी कर्ज है। बहादुर बनो और जहाँ तुम्हारा पिता एक जनरल के रूप में अपना कर्तव्य निभा रहा है, स्पेन के बहादुर पुत्र की तरह तुम भी अपना कर्तव्य निभाओ।''

दुश्मनों द्वारा उनके बेटे को बेरहमी से मार दिया गया, परंतु जनरल ने अपने बेटे की जान के बदले में स्पेन की सुरक्षा से समझौता करने से साफ इनकार कर दिया।

देश के लिए अपनी खुशियों का बलिदान कर देना बहुत कठिन है। परंतु बहादुरों ने हमेशा से ऐसा किया है।

"प्यार बहुत कुछ कर सकता है; परंतु कर्तव्य-बोध उससे भी ज्यादा।"

—गेटे

व्यावहारिक सुझाव

- हममें से प्रत्येक को कोई-न-कोई कर्तव्य, जिसे 'स्वधर्म' के नाम से जाना जाता है, निभाना होता है। आप सारी बाधाओं और कठिनाइयों के बावजूद अपने कर्तव्य मार्ग से डिगें नहीं। अपना कर्तव्य ईमानदारी और निष्ठा से निभाएँ।

□

74

महान् व्यक्ति सादगी से भरे होते हैं

महान् वैज्ञानिक माइकल फराडे एक सहज व्यक्ति थे। उनके सादे वस्त्र और विनम्र व्यवहार अकसर दूसरों से उनकी श्रेष्ठतर बुद्धि और प्रतिभा को छिपा लेते थे।

एक बार एक सरकारी अधिकारी फराडे से मिलना चाहता था। वह रॉयल सोसाइटी पहुँचा, जहाँ फराडे अकसर काम किया करते थे और उस महान् वैज्ञानिक से मिलने की इच्छा प्रकट की। उसे उस प्रयोगशाला की ओर निर्देशित कर दिया गया, जहाँ वे अपने प्रयोग किया करते थे।

जब वह अधिकारी प्रयोगशाला में पहुँचा तो उसने उसे खाली पाया, सिवाय ढीला-ढाला चोगा पहने, एक बूढ़े आदमी के, जो एक सिंक (मोरी) में बोतलें साफ कर रहा था।

''माफ कीजिएगा, क्या आप रॉयल सोसाइटी के एक कर्मचारी हैं? आगंतुक ने उससे पूछा।

''हाँ, मैंने चार दशकों से अधिक समय तक सोसाइटी की सेवा की है,'' बूढ़े आदमी ने कहा, ''मैं आपके लिए क्या कर सकता हूँ?''

''क्या आप उतने वेतन से खुश हैं, जो आपको यहाँ मिलता है?'' आगंतुक ने अपनी बात जारी रखी।

''मैं संतुष्ट हूँ।'' बूढ़े आदमी ने मुस्कराकर कहा।

''वैसे आपका नाम क्या है?''

"लोग मुझे माइकल फराडे कहते हैं," जवाब आया।

आगंतुक बहुत शर्मिंदा हुआ। उसने उस महान् वैज्ञानिक को एक सुरक्षाकर्मी समझ लिया था। इतना बड़ा आदमी इतना आडंबरहीन कैसे हो सकता है, उसे अचरज हुआ। या वह इसीलिए महान् था कि वह इतना सादगी भरा था?

सचमुच, महान् व्यक्ति सादगीपूर्ण ही होते हैं, क्योंकि उन्हें किसी के सामने कुछ साबित करने की जरूरत नहीं होती। कहा जाता है कि सत्य स्वत: सिद्ध होता है; यही बात महान् व्यक्तियों पर भी लागू होती है। वे भीतर से शांत, संतुष्ट और परिपूर्ण होते हैं।

"सादगी कुलीनता का शिखर है।"

—लियोनार्दो दा विंची

व्यावहारिक सुझाव

- बहुत से लोग उस पेशे या व्यवसाय में जी-तोड़ मेहनत करते हैं, जिससे वे नफरत करते हैं, ताकि वे उन लोगों, जिन्हें वे पसंद नहीं करते, को प्रभावित करने के लिए ऐसी चीजें खरीद सकें, जिनकी उन्हें जरूरत नहीं है। क्या मैं उनमें से एक हूँ? यदि हाँ, तो मुझे निम्नलिखित बातों पर विचार करना चाहिए—
- क्या मुझे सादगीपूर्ण जीवन अपनाना चाहिए?
- कितना धन पर्याप्त है?
- मैं दूसरों की सोच को इतना महत्त्व क्यों देता हूँ?
- क्या मुझे सचमुच इतनी सारी चीजों की जरूरत है?

□

75

मेरा खजाना स्वर्ग में है

एक दयालु और सहृदय राजा ने अकाल पड़ने पर अपनी ढेर सारी धन-संपत्ति गरीबों में बाँट दी।

उसके भाइयों ने उससे कहा, ''हमारे पिता और पुरखों ने कई पीढ़ियों में यह धन-संपत्ति जमा की है, उनमें से हरेक ने उसे बढ़ाया है। तुम हमारी और उनकी धन-संपत्ति दान कर रहे हो। एक दिन तुम जरूर पछताओगे।''

राजा ने उनसे कहा, ''मेरे पुरखों ने धन के खजाने जमा किए, मैंने आत्माओं के खजाने जमा किए हैं।''

''मेरे पिता ने धरती (इस जीवन) के लिए खजाने जमा किए हैं, मैंने स्वर्ग के लिए खजाने जमा किए हैं।''

''मेरे पिता ने दूसरों के लिए खजाने जमा किए हैं। मैंने अपने लिए खजाने जमा किए हैं।''

सच कहा गया है कि दान हाथ का नहीं, हृदय का गुण है।

''दूसरों जैसा बनने में कोई महानता नहीं है, अपितु दूसरों की सहायता करने में है।''

—अज्ञात

व्यावहारिक सुझाव

- चलिए, हम दान की एक व्यावहारिक योजना पर अमल करें; हम हर महीने अपनी आय का 10 प्रतिशत दान के लिए एक तरफ रख दें। वह पीड़ित मानवता की सेवा के लिए उपयोग किया जानेवाला ईश्वर का हिस्सा है।

□

76

माता-पिता ध्यान दें

मुझे फ्रांस के एक युवक की कहानी याद आती है। एक जघन्य अपराध के लिए उसे दस साल के कठिन कारावास का दंड मिला था।

उसने अपना दंड शांति से ग्रहण किया। परंतु जब उसे पुलिस द्वारा ले जाया जा रहा था, वह अदालत में मौजूद लोगों की ओर घूमा और चिल्लाकर बोला, ताकि सभी लोग उसे सुन सकें, ''मेरे मन में न्यायाधीशों के खिलाफ कुछ नहीं है, क्योंकि उन्होंने मेरे साथ न्याय किया है। पुलिस के खिलाफ भी मेरे मन में कुछ नहीं है, क्योंकि उन्होंने अपना कर्तव्य निभाया है। परंतु मैं इस अदालत में बैठे दो व्यक्तियों को कभी माफ नहीं कर सकता—मेरे पिता और मेरी माँ!''

लोग इतने स्तंभित थे कि उन्हें नहीं सूझा कि कैसे प्रतिक्रिया व्यक्त करें; वे चुपचाप सुनते रहे।

''मेरी वर्तमान स्थिति के लिए ये लोग जिम्मेदार हैं,'' उसने कहना जारी रखा। ''इन्होंने मेरी परवरिश पर कोई ध्यान नहीं दिया। इस बात से बेखबर थे कि मैं किन लड़कों के साथ घूमता था; उन्होंने यह जानने की कोशिश ही नहीं की कि मेरे दोस्त कौन थे। यह सच है कि उन्होंने मुझे पैसों से तंग कभी नहीं रखा, पर यह जानने की कभी परवाह नहीं की कि मैं उन्हें किन चीजों पर खर्च करता था। जब मैंने जुआ खेला, शराब पी और बदनाम बस्तियों में गया तो उन्होंने कोई ऐतराज नहीं किया। और इसलिए मैं यहाँ हूँ—बुराइयों और जुर्म

की दुनिया में डूबा हुआ। गलती उनकी है और कीमत मैं चुका रहा हूँ—मुझे जेल में कठोर श्रम करना होगा, जिंदगी भर के लिए मेरे माथे पर एक अपराधी होने का दाग लग जाएगा।''

कठोर शब्द! परंतु उस नौजवान की कड़वाहट इस सच्चाई को उजागर करती है कि बहुत से माता-पिता अपने बच्चों के प्रति अपनी जिम्मेदारियों को ठीक से समझ नहीं पाते।

''अपने जीवन के हर दिन हम अपने बच्चों के स्मृति बैंक में कुछ-न-कुछ जमा करते रहते हैं।''

—चार्ल्स स्विंडल

व्यावहारिक सुझाव

- अच्छे माता-पिता बनने के कुछ नुसखे—

1. धन और अन्य भौतिक चीजों की अपेक्षा आपके बच्चों को आपके समय की ज्यादा जरूरत है।
2. उन्हें बहुत सारा प्यार, दुलार (उन्हें गले लगाना, चुंबन देना) और स्वीकृति दें।
3. उनके सामने जीवन के मूल्य और नैतिकता सिखानेवाली पुस्तकों का पाठ करें।
4. उनके साथ खेलें।
5. अच्छे श्रोता बनें।
6. आप उन्हें जो भी बनाना चाहते हैं, स्वयं को उसी का आदर्श स्वरूप बनाएँ।

□

77

सर्वश्रेष्ठ मित्र

कस्बे की खचाखच भरी एक बस में वयस्कों के बीच एक छोटा सा लड़का बहुत ही सावधानी से लकड़ी के एक टुकड़े को पकड़े खड़ा था। यह सुनिश्चित करने में उसे बहुत परेशानी हो रही थी कि एक-दूसरे पर गिरती यात्रियों की भीड़ लकड़ी का वह टुकड़ा उसके हाथ से गिरा न दे।

एक महिला, जो काफी देर से बालक को परिश्रम करते देख रही थी, आखिरकार अपने कौतूहल को रोक नहीं पाई।

''तुम लकड़ी के इस टुकड़े को इतनी सावधानी से क्यों पकड़े हुए हो?'' बस के इंजन की जोरदार घरघराहट के कारण अपना स्वर ऊँचा करते हुए उसने पूछा।

वह उस महिला की तरफ मुड़ा और बहुत संजीदगी से जवाब दिया, ''मैं लूसी को बस की सवारी करवा रहा हूँ। वह मेरी दोस्त है और यह उसकी पहली बस यात्रा है।''

''पर लूसी है कहाँ ?'' महिला ने चकित होते हुए पूछा।

''जरा ध्यान से देखिए,'' लकड़ी के उस टुकड़े की ओर महिला का ध्यान आकृष्ट करते हुए लड़के ने कहा, ''लूसी एक छोटी सी चींटी है। वह मुझे अपने बगीचे में मिली थी और अब मेरी सबसे अच्छी दोस्त है।''

कितना कल्पनाशील और कितना दयालु तथा कितना मासूम, मधुर और बालसुलभ!

"दयालुता के छोटे-छोटे कृत्य, प्यार के दो मीठे बोल हमारी धरती को स्वर्ग बना देते हैं।"

—जूलिया एफ. कार्नो

व्यावहारिक सुझाव

क्या आप अपना भोलापन वापस पाना चाहते हैं? अपने भीतर इन सवालों के जवाब तलाशिए—

- आप दूसरों के लिए कुछ करने के लिए कितने तैयार हैं?
- आप लोगों में कितनी दिलचस्पी लेते हैं, विशेष रूप से उन लोगों में, जो आप से बिल्कुल भिन्न हैं?
- आप कितने लचीले हैं?
- क्या आप कुछ नया करना चाहते हैं?
- क्या आप कुछ समय के लिए तर्क-वितर्क को भूलकर दिल के कहे अनुसार चलने के लिए तैयार हैं?
- आप बच्चों के साथ कितना समय बिताते हैं?

□

78

उसने अपने दिमाग से काम लिया

एक खरीदारी करने की बेहद शौकीन महिला अपने रसोईघर के लिए बिजली का एक महँगा उपकरण खरीद लाई, जो अभी-अभी बाजार में आया था। उपकरण के साथ एक निर्देश-पुस्तिका भी थी, जिसमें उपकरण को उपयोग करने से पहले उसके पुर्जे जोड़ने का तरीका बताया गया था।

नया उपकरण आने की उमंग को नियंत्रित न कर पाने के कारण उसने उपकरण के सारे पुर्जे रसोई-घर की मेज पर फैला दिए और उसे खुद ही जोड़ने की कोशिश करने लगी। परंतु वह सब उसे इतना कठिन और जटिल प्रतीत हुआ कि वह सब कुछ वैसा ही छोड़कर सोने चली गई।

दोपहर की नींद लेने के बाद जब वह लौटी तो यह देखकर दंग रह गई कि पूरी तरह से जुड़ा हुआ उपकरण मेज पर रखा था और औजार यथास्थान रखने के बाद जो सारी चीजें वह बिखेरकर गई थी, उनका वहाँ नामोनिशान न था। स्पष्ट था कि उसकी घरेलू नौकरानी ने यह सब किया था।

"तुमने यह सब कैसे कर लिया?" उसने नौकरानी से पूछा।

"जब आपको पढ़ना नहीं आता तो आपको अपना दिमाग इस्तेमाल करना पड़ता है, मैडम," उसका जवाब था।

"असल में जीवन सरल और सीधा है, हम ही उसे जटिल बना लेते हैं।"

—कन्फ्यूशियस

व्यावहारिक सुझाव

- जब आपका सामना किसी संकट या चुनौतीपूर्ण स्थिति से हो तो उससे बहुत ज्यादा अध्ययन और सोच-विचार की बजाय सीधे सहज तरीके से निपटें।

□

79

सर्वोत्तम विरासत

एक धनवान व्यवसायी विचलित करने वाली एक समस्या का समाधान लेने अपने गुरु के पास गया।

"मैंने अपने बेटों के लिए ढेर सारी धन-संपत्ति जमा की है," उसने संत से कहा। "मेरी समस्या यह है कि मैं नहीं जानता कि ऐसा सबसे अच्छा और सुरक्षित तरीका क्या है, जिससे मैं उस धन को अपने बच्चों के लिए निवेश कर सकूँ। सोना-चाँदी विश्वसनीय नहीं हैं, स्टॉक्स और शेयरों में भारी उतार-चढ़ाव होता है और अचल संपत्ति हमेशा अच्छा मुनाफा नहीं देती। मुझे क्या करना चाहिए? मैं कहाँ पैसा लगाऊँ?"

"अपने बच्चों को उस तरह की धन-संपत्ति दो, जिसे कोई उनसे छीन न सके," संत ने उसे सलाह दी। "उन्हें मूल्यों और आदर्शों से परिपूर्ण अच्छी शिक्षा तथा अच्छी परवरिश दो।"

शोध से साबित हो गया है कि जरूरी नहीं कि दुनिया के सबसे अमीर लोग दुनिया के सबसे सुखी लोग हों।

परंतु मानव समाज के असंख्य महान् व्यक्तियों ने यह प्रमाणित कर दिया है कि खुशी इंसान के भीतर से आती है। यह एक आंतरिक अनुभूति होती है।

"अधिकांश लोग कहते हैं कि बुद्धि के बल पर महान् वैज्ञानिक बनते हैं। वे गलत हैं; वह चीज है—चरित्र।

—अल्बर्ट आइंस्टीन

व्यावहारिक सुझाव

- उन पाँच गुणों की तत्काल सूची बनाइए, जो उत्तम व्यक्तित्व का निर्माण करते हैं। फिर इस सूची के सम्मुख उन महान् व्यक्तियों के नाम लिखिए, जिनमें वे गुण रहे हों—उदाहरण के लिए सत्य महात्मा गांधी, एकाग्रता—विश्वनाथन आनंद, सेवा—साधु वासवानी, साहस—स्वामी विवेकानंद, प्रतिभा—अल्बर्ट आइंस्टीन, इत्यादि। इन महान् व्यक्तियों और उनके गुणों के बारे में अपने बच्चों को बताइए। उनसे कहिए कि वे भी उन्हीं की तरह महान् बन सकते हैं।

□

80

परम सुख

प्रतिष्ठित विक्टोरिया युग के विशिष्ट लेखक थॉमस कार्लाइल, उस समय केवल छह वर्ष के थे, जब एक बहुत ही बूढ़े भिखारी ने, उनका दरवाजा खटखटाया। नन्हा थॉमस उस बूढ़े आदमी—उसके फटे कपड़े, उसकी झुकी हुई पीठ और उसके काँपते हाथों—को देखकर द्रवित हो उठा। अपने कमरे की ओर दौड़ने से पहले उसने उस अजनबी से कहा, "कृपया रुकिए।"

एक मिनट बाद जब वह लौटकर आया तो उसकी साँस फूल रही थी। उसके हाथ में एक गुल्लक थी, जिसमें उसने समय-समय पर मिलने वाले पैसों को जमा कर रखा था। एक शब्द भी बोले बिना उसने पूरी गुल्लक उस बूढ़े आदमी के हाथों में खाली कर दिया। बूढ़े की आँखों में आई खुशी की चमक और उसके पोपले मुँह पर आई मुस्कान थॉमस के लिए एक बड़ा पुरस्कार था।

बाद में इस घटना को याद करते हुए कार्लाइल ने कहा, " मुझे ऐसी कोई बात याद नहीं आती, जिसने मुझे इतनी खुशी दी हो, जितनी सेवाभाव से किए गए उस साधारण से कृत्य से मुझे मिली थी!"

देने का सच्चा आनंद एक ऐसी विलासिता है, जो केवल उसी व्यक्ति को अनुभव होती है, जो निस्स्वार्थ भाव से मानवता की सेवा के लिए उद्यत होता है।

"हर आदमी का यह कर्तव्य है कि वह कम-से-कम दुनिया को उतना लौटा दे, जितना उसने उससे लिया है।"

—अल्बर्ट आइंस्टीन

व्यावहारिक सुझाव

- आज़ गुरुदेव साधु वासवानी के इस विचार पर चिंतन करें—"जब आपकी संवेदना और सहानुभूति का कुछ भाग सबसे निस्सहाय प्राणियों—गरीब लोगों, पक्षियों, पशुओं—तक पहुँचता है, तो दिव्यता का कुछ भाग आपके भीतर प्रवेश करता है और आपके हृदय को रंग से सराबोर कर देता है और आप धन्य हो जाते हैं।"

□

81

बच्चे मन के सच्चे

मैंने शिकागो के एक प्राथमिक स्कूल से संबंधित एक सुंदर कहानी पढ़ी। वहाँ क्रिसमस के अवसर पर एक नाटक प्रस्तुत करने के लिए बच्चे एकत्र हुए थे। तीसरी कक्षा में पढ़नेवाले एक बच्चे को एक सराय-संचालक की भूमिका निभानी थी। उसे केवल एक संवाद बोलना था, ''क्षमा करें, इस सराय में कोई कमरा खाली नहीं है।''

परंतु उस छोटे से लड़के के मन में क्रिसमस की भावना घर कर गई थी; और उसने अपनी भूमिका सच्ची भावना के साथ निभाई। ''क्षमा करें'' उसने मेरी और जोसफ से कहा, ''इस सराय में कोई कमरा खाली नहीं है।'' जैसे ही वे लोग वापस जाने लगे, उस नन्हे से लड़के ने उन्हें पुकारा, ''वापस आ जाइए, जोसफ! मैं आपको अपना कमरा दे दूँगा।''

शायद इसी कारण यीशू ने अपने शिष्यों से बच्चों जैसा बन जाने के लिए कहा था! हम सब एक-दूसरे का ख्याल रखने और एक-दूसरे का दु:ख-दर्द बाँटने की भावना के साथ पैदा हुए हैं। परंतु इस जीवन-यात्रा में जैसे-जैसे हम बड़े होते जाते हैं, हम इस अद्‌भुत भावना को खो देते हैं।

बच्चे ख्याल रखते हैं और वे दिखाते भी हैं कि उन्हें ख्याल है।

''महान् है वह व्यक्ति, जिसका दिल अब भी बच्चे जैसा है।''

—मेंसियस

व्यावहारिक सुझाव

- अपने परिवार और पड़ोस के कुछ बच्चों को इकट्ठा करें। उन्हें बिठाकर अच्छी-अच्छी चीजें खिलाएँ। उनके साथ खेलें और उन्हें समझ आनेवाली आम बातें करें। कुछ मुद्दों पर उनकी राय जानें। उनकी पारदर्शिता आपको चकित कर देगी! आपके सामने दुनिया को देखने के लिए एक नई खिड़की खुल जाएगी। सहजता और निश्छलता बच्चों के ट्रेडमार्क (विशिष्ट चिह्न) हैं। उनसे सीखें!

□

82

सुंदरता देखनेवाले की आँखों में

एक शहर के प्रवेशद्वार पर एक अजनबी पहुँचा, जो उस शहर में पहली बार आया था। सड़क किनारे बैठी एक बूढ़ी औरत ने उसका स्वागत किया, "हमारे शहर में आपका स्वागत है।"

"इस शहर में किस तरह के लोग रहते हैं?" अजनबी ने उससे पूछा।

"आपके शहर में किस तरह के लोग रहते हैं?" उस औरत ने मुस्कराते हुए उससे पूछा।

"ओह! वे तो बहुत बुरे हैं।" अजनबी ने कहा। "वे बड़े ही घटिया, गंदे, ईर्ष्यालु और खुदगर्ज हैं। उनके साथ रहना नामुमकिन है।"

"यहाँ के लोगों को भी आप लगभग ऐसे ही पाएँगे।" बूढ़ी औरत ने उससे कहा।

कुछ देर बाद, एक और अजनबी उस शहर के प्रवेशद्वार पर आया, बूढ़ी औरत ने उसका भी स्वागत किया।

"इस शहर में किस तरह के लोग रहते हैं?" उसने औरत से पूछा।

"आपके शहर में किस तरह के लोग रहते हैं?" उस औरत ने पूछा।

"वे बहुत अच्छे हैं—मेहनती, दोस्ताना और जल्दी घुल-मिल जानेवाले।"

"यहाँ के लोगों को भी आप वैसा ही पाएँगे।" बूढ़ी औरत ने उसे आश्वस्त किया।

आप लोगों से प्यार और समझदारी से पेश आएँ और आप देखेंगे कि उनके व्यवहार में भी यही झलकेगा।

"दुनिया को अपने भीतर का सर्वोत्तम दें, वही चीज लौटकर आपके पास आएगी।"

—मेडलीन ब्रिजिस

व्यावहारिक सुझाव

- आप जिस रंग का चश्मा पहनेंगे, दुनिया उसी रंग की दिखाई देगी। अगर आपके चश्मे के शीशे काले रंग के हैं, तो सब कुछ काला दिखाई देगा। अगर शीशे नीले हैं, तो नीला, भूरे हैं तो भूरा। आज पारदर्शी शीशोंवाला चश्मा लगाने का फैसला करें और दुनिया को उसके सही रंगों में देखें।

□

83

क्षमा करें और भूल जाएँ

प्रिया नाम की एक युवती भगवान् के प्रेम में इतनी डूब गई कि वह वास्तव में अपने इष्ट भगवान् कृष्ण से बातें करने लगी।

एक शंकालु, नास्तिक पुजारी उसकी परीक्षा लेना चाहता था। "अगर जैसा तुम दावा करती हो कि तुम हर रोज श्रीकृष्ण से बात करती हो, तो जरा उनसे पूछकर बताना कि जब मैं युवा था, मैंने कौन-सा पाप किया था।"

उसे विश्वास था कि वह कभी उस बात का पता नहीं लगा पाएगी। और उससे उसके झूठे दावे का पर्दाफाश हो जाएगा।

अगले हफ्ते, जब वह उस लड़की से मिला, उसने पूछा, "क्या तुमने श्रीकृष्ण से बात की?"

"हाँ, की," उसने जवाब दिया।

"और क्या उन्होंने बताया कि मैंने क्या पाप किया था?"

"उन्होंने कहा कि वे उसे भूल गए और वे चाहते हैं कि आप भी वैसा ही करें।"

शंकालु पुजारी ने शर्म से सिर झुका लिया।

अगर ईश्वर लोगों की गलतियों और पापों का हिसाब नहीं रखता तो हम क्यों रखें?

"कोई भी पूरी तरह से निर्दोष नहीं है, इसीलिए पेंसिल के साथ रबड़ होता है।"

—अज्ञात

व्यावहारिक सुझाव

- आँखें बंद कर एक गहरी साँस लें, फिर इसे अपने मन में बिठाने की कोशिश करें—"जो कुछ भी होता है, वह ईश्वरीय विधान का एक अंग है; जिस व्यक्ति ने मुझे चोट पहुँचाई है, वह उसी विधान का एक उपकरण मात्र है।"

□

84

आशावादी

दूसरे विश्वयुद्ध में लड़नेवाले दो जवान बुरी तरह से जख्मी हो गए। इलाज के दौरान दोनों की एक-एक भुजा काटनी पड़ी। दोनों को विकलांगों के पुनर्वास केंद्र में भेजा गया, जहाँ उन्हें बचे हुए एक हाथ को जितना संभव हो, कुशलता से उपयोग करने का प्रशिक्षण दिया गया।

एक वर्ष के प्रशिक्षण के बाद एक जवान इतना कुंठित था कि वह इस नतीजे पर पहुँचा कि विकलांगता के साथ जीवन जीने लायक नहीं रहा।

दूसरा सैनिक प्रशिक्षण से इतना खुश था कि वह जिससे भी मिलता, यही कहता, "यह तो एक वरदान है कि ईश्वर ने लोगों को दो भुजाएँ दी हैं, जबकि हम एक ही भुजा से अच्छी तरह से काम चला सकते हैं।"

वह आदमी सचमुच आशावादी था!

"निराशा का एकमात्र व्यावहारिक समाधान आशावाद ही है। आशा हमेशा व्यावहारिक होती है।"

—हैरी नीलसन

व्यावहारिक सुझाव

- आज इस पर विचार करें कि एक सिक्के के दो पहलू होते हैं। हर समस्या का एक निराशाजनक, कठिन पहलू होता है, परंतु उससे निकलने का रास्ता भी होता है। अगर आप अपने जीवन की उन सभी स्थितियों, जिन्हें आपने 'कठिन' या 'पीड़ाजनक' समझा था, पर गहराई से नजर डालें, तो पाएँगे कि उनमें कोई अच्छाई छिपी हुई थी; उनमें से किसी स्थिति ने शायद आपका नजरिया बदल दिया हो; हो सकता है, किसी ने आपके परिवार के किसी सदस्य का व्यवहार बदल दिया हो, शायद उसने आपको और अधिक विनम्र बना दिया हो या वह आपको किसी प्रिय व्यक्ति, यहाँ तक कि ईश्वर के और ज्यादा करीब ले गई हो। आपके जीवन के अनुभव आपके लिए जो छिपी हुई अच्छाइयाँ लेकर आए हैं, उन्हें देखने का प्रयास करें।

□

85

विधवा का योगदान

एक राजा था, जिसने अपने शत्रुओं पर विजय को यादगार बनाने के लिए संगमरमर का एक भव्य मंदिर बनवाने का फैसला किया। उसने आदेश दिया कि उस राज्य का सबसे विशाल, सबसे उत्तम और सबसे प्रभावशाली मंदिर बनाने में खर्च की परवाह न की जाए। हजारों मजदूर काम पर लगा दिए गए और राज्य के दूरतम इलाकों से सबसे बढ़िया संगमरमर मँगवाया गया। निर्माण स्थल पर संगमरमर की भारी पट्टियों को लाने के लिए हजारों घोड़ों और बैलों की व्यवस्था की गई।

निर्माणाधीन मंदिर के मार्ग पर बनी एक जीर्ण-शीर्ण कुटिया में एक गरीब बूढ़ी औरत रहती थी। यह सुनकर वह रोमांचित हो गई कि उसकी कुटिया के पास एक मंदिर बनने जा रहा है। उसने यह भी सुना था कि राजा के पास मंदिर के लिए बहुत महत्त्वाकांक्षी योजनाएँ हैं और वह भगवान् से प्रार्थना करती थी कि वह अद्‌भुत मंदिर उसके जीते-जी ही पूरा हो जाए। उसकी हार्दिक इच्छा थी कि किसी-न-किसी तरह वह मंदिर निर्माण में अपना योगदान दे पाए, परंतु वह इतनी गरीब थी कि उसके लिए ताँबे का एक सिक्का भी देना कठिन था।

हर रोज संगमरमर की भारी पट्टियाँ गाड़ियों पर लादकर घोड़े और बैल उसकी कुटिया के सामने से गुजरते। उन निरीह जानवरों पर तरस खाकर वह अपने घास के बिस्तर से कुछ घास निकालकर उन घोड़ों और बैलों को देती थी, जो उसकी झोंपड़ी के सामने रुकते थे। कृतज्ञ जानवर उसकी घास चबाते और इतने प्यार से उसकी ओर देखते कि उसका दिल भर आता। जल्द ही

उसने उन जानवरों को घास खिलाना आदत बना लिया, जो उसकी झोंपड़ी के सामने रुकते थे।

जब तक वह मंदिर बनकर तैयार हुआ, घास के जिन गट्ठरों पर वह सोती थी, लगभग खत्म हो चुके थे। परंतु उसे इस बात की खुशी थी कि उसने भगवान् तथा उन बेजुबान और असहाय प्राणियों, जो इस सृष्टि के परिवार में उसके भाई-बहन थे, के लिए जो कुछ उससे बन पड़ा, किया था। ''भगवान् को अर्पित करने के लिए मेरे पास ज्यादा कुछ नहीं है,'' उसने स्वयं से कहा, ''परंतु मुझे खुशी है कि मुझसे जो थोड़ा-सा बन पड़ा, मैंने किया।''

जिस दिन प्रतिष्ठापित मूर्तियों की पहली बार भव्य पूजा होनेवाली थी, राजा ने एक सपना देखा, जिसमें भगवान् ने उससे कहा, ''मेरे मंदिर में पहली बार पूजा करने का सम्मान उस गरीब बूढ़ी औरत को दिया जाना चाहिए, जो मंदिर की पूर्व दिशा में एक जीर्ण-शीर्ण कुटिया में रहती है। इसलिए कि वही है, जिसने मंदिर निर्माण के लिए बहुत बड़ा त्याग किया है।''

और इस तरह यह घटित हुआ कि स्वयं भगवान् ने मंदिर के उद्घाटन के लिए उस गरीब, बूढ़ी औरत को चुना, जिसने घोड़ों और बैलों को थोड़ी-सी घास खिलाई थी।

''जो व्यक्ति मुझे श्रद्धा-भक्ति से एक पत्ती, एक फूल या फल या जल भी अर्पित करता है; उस पवित्र हृदय व्यक्ति के प्यार भरे उपहार को मैं स्वीकार करता हूँ।''

—भगवद्गीता

व्यावहारिक सुझाव

- अपने जीवन पर विचार करें। आप किस तरह से जी रहे हैं? आप उसे किस तरह सहज बना सकते हैं? आज हम जो कुछ भी करें, विनम्रता और सहजता से करें। अगर हम खाना बनाएँ, उसे सादा रखें, किसी से बात करें तो विनम्रतापूर्वक। हम भड़कीला, घमंडी बनने की अपनी किसी भी प्रवृत्ति के प्रति सजग रहें।

□

86

होंडा की लक्ष्य प्राप्ति

सोइचिरो होंडा ने एक लुहार के घर जन्म लिया था। उन्होंने अपने बचपन का एक बड़ा भाग अपने पिता की साइकिल मरम्मत की दुकान पर उनकी मदद करते बिताया था। परिवार समृद्ध नहीं था, परंतु गिहेइ होंडा ने अपने बच्चों के मन में कड़ी मेहनत और कल पुर्जों के प्रति रुचि पैदा कर दी थी। कहा जाता है कि सोइचिरो का नाम 'काली नाकवाला नेवला' रख दिया गया था, क्योंकि अपने पिता की भट्ठी में हमेशा उनकी मदद करने तथा मशीनों और इंजनों में अपना मुँह डालकर देखने की आदत के कारण उनका चेहरा हमेशा गंदा रहता था।

उन्हें औपचारिक शिक्षा ज्यादा नहीं मिली थी। असल में 15 वर्ष की आयु में यह निश्चय करके कि वे वहाँ कोई नौकरी ढूँढ़ लेंगे, वे अपना घर छोड़कर टोक्यो चले गए थे। उन्हे एक गैरेज में एक सहायक के रूप में नौकरी पर रख लिया गया था, जहाँ तरक्की करते हुए करीब छह वर्षों में वे कार मेकैनिक बन गए थे। 22 वर्ष की आयु में अपना खुद का ऑटोमोबाइल गैरेज शुरू करने के लिए वे अपने घर लौट आए थे।

सन् 1937 में होंडा ने छोटे इंजनों के लिए पिस्टन रिंग्स (एक पुर्जा) बनाना शुरू कर दिया था; अब धातु-विज्ञान (मेटलर्जी) का ज्ञान प्राप्त करने के लिए उन्हे कॉलेज जाना जरूरी लगने लगा था। कड़ी मेहनत और समर्पित शोध आखिर रंग लाए और युद्ध उपरांत जापान की मंद अर्थव्यवस्था में दुनिया को

प्रेरणा देनेवाली होंडा मोटर साइकिल की सफलता की कहानी सामने आई।

कड़ी मेहनत, दृढ़ संकल्प, निष्ठा, ईमानदारी और अपने काम से लगाव—ये वे गुण थे, जिन्होंने सोइचिरो होंडा को यूरोप और अमेरिका के ऑटोमोबाइल दिग्गजों के बीच अपना स्थान बनाने में सक्षम बनाया, फोर्ड, डेमलर और बेंज की तरह।

"परिश्रम का कोई विकल्प नहीं है।"

—थॉमस एडिसन

व्यावहारिक सुझाव

- इस बारे में अपना मन बना लें कि आप अपने जीवन में क्या बनना चाहते हैं। फिर उस लक्ष्य को पाने के लिए अथक परिश्रम करें।

□

87

सुरक्षित आगमन

एक छोटा सा बच्चा अपने जलते हुए मकान की पहली मंजिल पर फँस गया। आग की लपटों से बचने के लिए वह खिड़की की कगार पर चढ़ गया और उसी को पकड़कर खतरनाक ढंग से लटका हुआ था। अपनी अनमोल जान बचाने के लिए वह कगार को कसकर पकड़े हुए—डर से उसके होश उड़ गए थे। वह न ऊपर देख पा रहा था, न नीचे।

उनका एक तगड़ा सा पड़ोसी खिड़की के नीचे आया और चिल्लाकर बोला, ''कगार को छोड़ दो राजू, मैं तुम्हें पकड़ लूँगा।''

यह सुनकर लड़के ने कगार छोड़ दी और उस लंबे-चौड़े आदमी की बाँहों में सुरक्षित रूप से गिर गया। ''मैं जानता था अंकल कि आप मुझे पकड़ लेंगे,'' उस आदमी के गले से लिपटते हुए कृतज्ञतापूर्वक राजू ने कहा।

हमें बस इतना करना है कि ईश्वर पर विश्वास रखें और सब कुछ ठीक हो जाएगा।

''पूरे दिल से ईश्वर में विश्वास रखें, अपने दिमाग को ज्यादा न दौड़ाएँ। अपने जीवन की हर घटना में 'उसी' का हाथ थामें और 'वही' आपको रास्ता दिखाएगा।''

—कहावतें

व्यावहारिक सुझाव

- हमने सब कुछ करके देख लिया है। एक बार ईश्वर पर विश्वास करके भी देख लें। हम अपने आप से वादा करें कि हम इस संसार और उसके बदलते रंगों पर निर्भर नहीं रहेंगे।

□

88

प्रत्येक वही देता है, जो उसके पास है

एक बार एक महात्मा नदी में नहा रहे थे। अचानक उनकी नजर एक बिच्छू पर पड़ी, जो पानी में डूबने ही वाला था।

उन्हें उस पर दया आ गई; उन्होंने उठाकर उसे बचा लिया। बिच्छू ने उन्हें काट लिया और ऐसा करते हुए वह फिर नदी में गिर गया। यद्यपि बिच्छू का डंक बहुत ही पीड़ादायक था, महात्मा ने उसे पानी में डूबने से बचाने का दूसरा प्रयास किया। बिच्छू ने फिर उन्हें काट लिया और जैसे ही उन्होंने दर्द के कारण अपना हाथ झटका, बिच्छू फिर नदी में गिर गया।

महात्मा ने हार नहीं मानी; परंतु जब उन्होंने बिच्छू को तीसरी बार पानी से निकाला, उन्होंने उसे नदी के सूखे तट पर छोड़ दिया।

वहाँ से गुजर रहे एक आदमी ने जब यह दृश्य देखा तो महात्मा के पास जाकर बोला, "क्या बिच्छू का एक डंक आपके लिए काफी नहीं था कि आपने वही प्रक्रिया कई बार दोहराई?" महात्मा ने शांत भाव से जवाब दिया, "डंक मारना बिच्छू का स्वभाव है। वह अपना व्यवहार नहीं बदलता। दयालु और संवेदनशील होना मेरा स्वभाव है। अगर बिच्छू अपना व्यवहार नहीं बदलता, तो मैं अपना व्यवहार क्यों बदलूँ? दूसरों का व्यवहार कैसा भी हो, सभी से प्यार करना मेरा स्वभाव है। मेरे लिए सभी प्राणी ईश्वर की रचनाएँ हैं। उन्हें प्यार करना मेरा धर्म है।"

अगर कोई व्यक्ति आपको चोट पहुँचाता है, आपकी राह में रोड़े बिछाता

है और जान-बूझकर आपको परेशान करता है, तो आप उसके प्रति अपनी सोच बदल लें और ऐसे लोगों को ईश्वर के उपकरण समझें।

"जब तक मानव अपनी संवेदना के दायरे में सभी प्राणियों को नहीं लाता, उसे कभी शांति नहीं मिल सकती।"

—अल्बर्ट श्वाइट्ज़र

व्यावहारिक सुझाव

- एक आदमी, जिसने आपके साथ बुरा किया है, आपके सामने धैर्य और सहिष्णुता सीखने का एक सुनहरा अवसर प्रस्तुत करता है, वह सिर्फ आपकी विजय की परीक्षा है। जब-जब आप उसके अप्रिय वचनों और कृत्यों पर प्रतिक्रिया नहीं करते, अपने आपको + 20 अंक दें और जब-जब आप उग्र प्रतिक्रिया व्यक्त करते हैं, स्वयं को-20 अंक दें। एक महीने बाद देखिए आपका स्कोर क्या है?
- आप उन स्थितियों का आनंद लेंगे, जब सामनेवाला व्यक्ति नफरत और गुस्से से आग उगल रहा हो और आप शांत और संतुलित बने रहें। समय बीतने के साथ, जब वह देखेगा कि आप उसकी बातों पर कोई प्रतिक्रिया नहीं दे रहे, आप उसके रवैये में भी बदलाव देखेंगे।

□

89

एक बच्चे की शिकायत

एक प्रतिष्ठित बोर्डिंग स्कूल में एक प्रसिद्ध लेखक का बेटा अपने दोस्त के लॉकर से चोरी करता हुआ रँगे हाथ पकड़ा गया।

जब वह हेडमास्टर के सामने लाया गया, उन्होंने दु:खी लहजे में उससे कहा, ''तुमने अपने पिता का सिर शर्म से झुका दिया है। जब वे इस शर्मनाक घटना के बारे में सुनेंगे तो क्या कहेंगे?''

बालक ने भावुक होकर काँपती आवाज में कहा, ''मैं जानता हूँ कि वे क्या कहेंगे, 'अभी नहीं बेटे, बाद में!' जब भी मैं कोई सवाल या समाचार लेकर उनके पास गया, उन्होंने यही कहा, 'अभी नहीं बेटे, मेरे पास बिल्कुल समय नहीं है। बाद में आना।' तो इस बार वे कोई भिन्न जवाब क्यों देंगे?''

अपने माता-पिता से दूर किए गए बच्चे उपेक्षित महसूस करते हैं। वे एक भावनात्मक खालीपन में जीते हैं।

''आप चाँदी और सोना जमा करने में व्यस्त हैं। आपका सबसे अमूल्य खजाना हैं आपके बच्चे।''

—साधु वासवानी

व्यावहारिक सुझाव

- आपके बच्चे आपका सबसे बड़ा खजाना हैं। उनके रवैए, चरित्र और व्यवहार के लिए आप उत्तरदायी हैं। उन्हें सही राह बताना आपका काम है। इसलिए हर रोज उनके लिए कुछ समय निकालें। उनकी गतिविधियों में रुचि लें और उनके साथ हँसी-मजाक, चर्चाएँ करें, उनके साथ विशेष संबंध बनाएँ और उनके सर्वोत्तम मित्र बनें।

□

90

दोनों एक समान

एक छोटा सा लड़का एक घायल चिड़िया को हाथ में लिये बैठा था। एक सहृदय महिला ने उसे बगीचे की बेंच पर गंभीर मुद्रा में उस चिड़िया को सहलाते देखा।

''बेटे, क्या तुम चाहोगे कि मैं इस चिड़िया को अपने घर ले जाऊँ और उसकी देख-भाल करके उसे स्वस्थ बना दूँ?'' उसने मधुरता से पूछा।

उसने यह मान लिया था कि वह लड़का उस चिड़िया की हालत देखकर दुःखी था, परंतु इससे अनजान था कि उसके लिए क्या करना है।

''मैं तुमसे वादा करती हूँ कि जब यह ठीक हो जाएगी, मैं उसे यहीं ले आऊँगी,'' उसने कहना जारी रखा। ''हम दोनों उसे फिर से आजाद कर देंगे।''

छोटे से लड़के ने एक क्षण सोचा। फिर बोला, ''धन्यवाद मेमसाब। पर इसकी देख-भाल मैं खुद करना चाहूँगा।''

कुछ रुककर उसने आगे कहा, ''आप देख सकती हैं कि मैं इस चिड़िया को बेहतर समझ सकता हूँ।''

महिला कुछ कहना ही चाहती थी कि उसने लड़के को उठते देखा। तब उसे पता चला कि वह लड़का लँगड़ा था। उसके बाएँ पाँव में जयपुर-फूट बँधे हुए थे।

सहानुभूति भी आकर्षण के नियम का पालन करती है।

''इंसानों को जो सबसे बड़ा उपहार मिला हुआ है, वह है सहानुभूति की शक्ति।''

—मर्ली स्ट्रीप

व्यावहारिक सुझाव

- अपना दृष्टिकोण बताने से पहले स्वयं को सामनेवाले व्यक्ति की स्थिति में रखकर देखें। उसे सलाह देने से पहले उस विषय पर उसकी राय और उसके व्यवहार का कारण समझने का प्रयास करें। अगर उसकी स्थिति में आप होते, तो क्या आप भी वही नहीं करते? स्वयं का कूट-परीक्षण और आत्म-विश्लेषण आपके रवैए को और अधिक नर्म और मधुर बना देगा।

□

91

देने का आनंद

'सांसारिक' और 'प्रबुद्ध' के बीच अंतर को स्पष्ट करने के लिए श्रीरामकृष्ण ने एक कच्चे आम और पक्के आम की नीति-कथा कही।

एक पिता बाजार गया और अपने दो बच्चों के लिए दो पके हुए रसीले आम ले आया। घर लौटकर उसने दोनों बच्चों को एक-एक आम दे दिया। बड़े लड़के ने वह फल लिया, सीधे अपने कमरे में गया, दरवाजा बंद किया, आम खाया, मुँह पोंछा और फिर आँगन में अपने दोस्तों के साथ खेलने के लिए बाहर आ गया।

दूसरे बच्चे ने उस रसीले फल पर एक नजर डाली, सीधे आँगन में खेल रहे अपने दोस्तों के पास गया और उस फल को सबके साथ बाँटकर खाया।

बड़ा बच्चा भौतिक, सांसारिक दृष्टि से बहुत 'चालाक' था। वह व्यक्तिवादी, स्व-केंद्रित था; वह इतना बुद्धिमान था कि अपने हित का ध्यान रख सके।

दूसरे बच्चे का व्यक्तित्व कम स्वार्थी, अधिक परिपक्व था। वह स्वाभाविक रूप से दूसरों के बारे में सोचता था और उसकी पहली सहजवृत्ति बाँटकर खाने की थी।

हममें से अधिकांश लोग पहले बच्चे की तरह हैं। हम अपने जीवन, जरूरतों, इच्छाओं और हितों पर केंद्रित रहते हैं। हम आगे बढ़कर उन चीजों

को दूसरों के साथ बाँटने का बहुत कम प्रयास करते हैं, जो भगवान् ने उपहार-स्वरूप हमें दी हैं। जब हम आत्मकेंद्रितता की संकीर्ण सीमाओं से बाहर निकलकर दूसरों के साथ बाँटने, उनका ध्यान रखने, उनसे प्यार करते हैं, तो हमारे भीतर से आनंद स्वत: ही फूट पड़ता है तथा हम स्वयं को हलका और स्वतंत्र महसूस करने लगते हैं।

''मेरी केवल एक जीभ है। अगर मेरी दस लाख जीभें होतीं तो भी मैं हर जीभ से यही उच्चारित करता, 'दो...दो...दो!'

—साधु वासवानी

व्यावहारिक सुझाव

- देने की आदत विकसित कीजिए। आप दान देने में सक्षम हो सकें, इसके लिए आपको करोड़ों रुपए कमाने की जरूरत नहीं है। हर रोज आप एक छोटी सी राशि—वह दस रुपए भी हो सकते हैं—गुल्लक में डाल दें और उसे भगवान् की गुल्लक बना दें। एक निश्चित अंतराल के बाद गुल्लक खाली करके गरीब बच्चों को स्वादिष्ट भोजन कराएँ। देखिए कि उनके चेहरों पर आई खुशी आपको कितना आनंद देती है।

□

92

जीवन का उद्देश्य

एक बार एक युवती ने अपने गुरु से जीवन का उद्देश्य बताने के लिए कहा। ''मुझे बताएँ गुरुजी,'' उसने याचना की। ''भगवान् मुझसे जीवन में क्या करवाना चाहते हैं? किस तरह के कार्य मुझसे अपेक्षित हैं?''

गुरुजी ने कुछ देर सोचा, फिर उसे पास के एक बगीचे में जाकर फूलों का अवलोकन करने के लिए कहा। ''वापस आकर मुझे बताओ कि तुमने क्या पाया,'' उन्होंने उससे कहा। ''फिर मैं तुम्हारे प्रश्न का उत्तर दूँगा।''

कुछ देर में लड़की वापस आ गई। ''मैंने पूरी तरह से खिले हुए सुंदर फूल देखे,'' उसने गुरुजी से कहा। ''वे खूब खिले हुए हैं, उनकी पँखुड़ियों के रंग बहुत ही प्यारे हैं और उनकी सुगंध का तो कहना ही क्या! परंतु मैंने कलियाँ भी देखी हैं, जिनका खिलना बाकी है—वे उतनी सुंदर, रंगीन या सुगंधित नहीं हैं। वे कुछ घटित होने की प्रतीक्षा कर रही हैं।''

गुरु ने समझ के भाव से सिर हिलाया। ''कली का उद्देश्य उसमें छिपी सारी सुंदरता, रंगों और सुगंध को प्रकट करना है।'' उन्होंने उसे समझाया। ''उसका उद्देश्य एक परिपूर्ण फूल बनना है।

तुम भी, उन्हीं की तरह सुंदर, संपूर्ण बनने में सक्षम हो,'' उन्होंने आगे कहा। ''तुम्हारा लक्ष्य एक परिपूर्ण मानव, एक आदर्श व्यक्ति बनकर उभरना होना चाहिए, जिसमें संवेदना, दयालुता, सेवा और बलिदान जैसे सद्गुण प्रकट हों। तुम्हें भी उस परिपूर्ण फूल की तरह पूर्णतया विकसित होना चाहिए।''

जीवन का उद्‍देश्य परिपूर्णता तक पहुँचना है। वह है, बीते हुए कल की तुलना में आज कुछ बेहतर बनना।

''आप परिपूर्ण बनें; जिस तरह से स्वर्ग में जगतपिता परिपूर्ण हैं।''

—जीसस क्राइस्ट

व्यावहारिक सुझाव

- परिपूर्णता की ओर जाने की एक योजना बनाएँ। अपने भीतर के एक गुण को निखारने से प्रारंभ कीजिए। अगले तीन मास तक अपने दैनिक जीवन में उसी गुण पर केंद्रित रहें। तीन मास बाद अपनी प्रगति का निरीक्षण करें और यदि आप संतुष्ट हैं तो अगले गुण को निखारना शुरू करें या फिर पहले वाले पर ही काम करते रहें।

□

93

प्रशंसा करो!

अमेरिका के ग्रामीण क्षेत्रों में रहनेवाली महिलाओं के एक सर्वेक्षण से यह बात सामने आई कि सभी की एक जैसी शिकायत थी कि उनकी सेवाओं को तुच्छ समझा जाता है। वे जो कुछ करती थीं, उसके लिए उन्हें मुश्किल से ही कभी धन्यवाद दिया जाता था।

उनमें से एक ने एक मजेदार घटना सुनाई। हर रोज, जब उसका पति और बेटे शाम को काम से वापस लौटते थे, वह उनके लिए स्वादिष्ट भोजन पकाने और परोसने की जहमत उठाती थी। उसने नए व्यंजन बनाने सीखे थे। वह बड़ी मेहनत से जटिल व्यंजन बनाती थी। यह स्पष्ट था कि वे बड़े मजे से खाते थे, क्योंकि वे खाने पर टूट पड़ते थे और मिनटों में ही सारा भोजन खत्म हो जाता था। परंतु उनकी ओर से धन्यवाद या तारीफ का एक शब्द भी कभी नहीं बोला गया।

तंग आकर एक शाम बच्चों की माँ ने पशु आहार से बना भोजन टेबल पर गर्म-गर्म परोस दिया। हमेशा की तरह वे भोजन पर टूट पड़े।

''ये क्या है?'' पहला निवाला मुँह में लेते ही वे चिल्लाए, ''क्या तुम पागल हो गई हो?''

''मैं 26 वर्षों से इंतजार कर रही हूँ और मैंने तारीफ का एक शब्द भी तुम लोगों के मुँह से नहीं सुना है,'' उसने जबाव दिया। ''मैंने कभी नहीं सोचा था कि तुम्हें कोई फर्क महसूस होगा।''

''प्रशंसा एक अद्‌भुत चीज है। इससे दूसरे के साथ-साथ हमारे भीतर भी कुछ उत्कृष्ट निखर आता है।

—वॉल्टेयर

व्यावहारिक सुझाव

- आज अपने माता-पिता की जाकर प्रशंसा करें, उस सबके लिए जो उन्होंने आपको 'वह' बनाने में किया, जो आज आप हैं। आज ही उनके पास जाएँ और उन्हें प्यार से अपनी बाँहों में लेकर उनके कान में फुसफुसाएँ, 'धन्यवाद!'

□

94

शिष्टाचार का महत्त्व

उन दिनों, जब आइसक्रीम बहुत महँगी नहीं हुआ करती थी, दस साल का एक लड़का एक व्यस्त शॉपिंग सेंटर स्थित एक रेस्तराँ में दाखिल हुआ और एक टेबल पर बैठ गया। एक सेविका ने पानी का एक गिलास उसके सामने रख दिया।

''एक फ्रूट आइसक्रीम कितने की है?'' कुछ हिचकिचाते हुए उसने पूछा।

''पचास पैसे।'' सेविका ने जबाव दिया।

लड़के ने जेब से अपना हाथ निकाला और बड़े जतन से सिक्के गिनने लगा। फिर उसने सेविका की ओर नजर उठाई और कुछ थके स्वर में बोला, ''और एक सादी आइसक्रीम कितने की होगी?''

अब तक रेस्तराँ में भीड़ बढ़ने लगी थी और कुछ लोग कोई टेबल खाली होने के इंतजार में खड़े थे।

सेविका अब अधीर होने लगी थी। ''पैंतीस पैसे,'' उसने रूखे स्वर में जवाब दिया और साथ ही जरा सख्त अंदाज में बोली, ''जल्दी तय करो, बेटे!''

उस लड़के ने सिक्के फिर गिने। ''मैं सादी आइसक्रीम लूँगा!'' उसने कहा। सेविका आइसक्रीम लेकर आई, टेबल पर बिल रखा और चली गई। लड़के ने आइसक्रीम खत्म की, पैसे बिल पर रखे और चला गया। जब सेविका

आइसक्रीम की प्लेट वापस लेने और टेबल साफ करने आई, तो रो पड़ी वहाँ खाली प्लेट के पास पचास पैसे करीने से रखे थे। वह लड़का चाहता तो इच्छित फ्रूट आइसक्रीम खा सकता था, किंतु उसने सादी आइसक्रीम खाना पसंद किया।

आप सत्तावान, प्रसिद्ध और धनवान व्यक्तियों के साथ किस तरह का बर्ताव करते हैं, उससे ज्यादा महत्त्वपूर्ण यह है कि आप रेस्तराँ में सेविका तथा दफ्तर में सफाई कर्मचारियों और सहायकों के साथ किस तरह का व्यवहार करते हैं। हमें उनके साथ दयालुता और आदर का व्यवहार करना चाहिए। वे भी उसी भगवान् की संतान हैं।

''थोड़ी सी विचारशीलता और थोड़ी सी सहृदयता अकसर बहुत सारी धन-दौलत से ज्यादा कीमती होती है।''

—जॉन रस्किन

व्यावहारिक सुझाव

- एक पार्किंग परिचायक या सफाई कर्मचारी को दी गई एक मुस्कान, बुरे दौर से गुजर रहे किसी आदमी का कंधा थपथपा देना, दर्द से कराहते व्यक्ति को ऐसी नजर से देखना कि आप उसका दर्द महसूस कर रहे हैं, ये सब छोटी-छोटी मुद्राएँ हैं, परंतु अपनी खामोशी में वे बहुत कुछ कह जाती हैं। आज अपनी दिनचर्या भाग-दौड़ के बीच जो आम आदमी आपके सामने आते हैं, अपनी सकारात्मक भावनाओं का कुछ भाग उनके साथ भी बाँटिए।

□

95

'मैं' का भाव त्यागो

एक बार एक प्रतापी राजा ने अपनी राजसत्ता और संपत्ति त्यागकर गौतम बुद्ध से दीक्षा लेकर एक मठवासी बनने का फैसला किया। उस शाही दीक्षा समारोह को देखने के लिए संघ के सारे भिक्षु मठ के चारों ओर जमा हो गए।

गेरुए वस्त्र पहने राजा आया। उसका सिर मुँड़वाया गया और उसने अपने सारे आभूषण त्याग दिए। महात्मा बुद्ध से मिलने के लिए वह वहाँ जमा भिक्षुओं के बीच नंगे पैर चला—उसके दाएँ हाथ में अपने स्वामी को अर्पित करने के लिए एक अनमोल हीरा था। उसके बाएँ हाथ में एक सुंदर, अनोखा सफेद कमल का फूल था—उस स्थिति के लिए कि कहीं महात्मा बुद्ध हीरे के उसके आडंबरी उपहार को अस्वीकार कर दें।

महात्मा बुद्ध आँखें बंद किए बैठे थे; उन्होंने राजा से कहा, ''उसे जमीन पर गिरा दो।''

अर्पण के रूप में हीरे की अनुपयुक्तता के प्रति सचेत राजा ने तुरंत उसे गिरा दिया। बुद्ध ने उसे फिर आदेश दिया, ''उसे गिरा दो।''

इस बार राजा ने कमल का फूल गिरा दिया।

एक बार फिर बुद्ध की आवाज गूँजी, ''उसे गिरा दो।''

राजा चकरा गया, क्योंकि गिराने के लिए अब उसके पास कुछ न था। उसने महात्मा बुद्ध की ओर चलना जारी रखा। परंतु महात्मा बुद्ध ने फिर कहा,

''मैं तुमसे कह रहा हूँ, उसे गिरा दो।''

अब राजा समझ गया। उसने महात्मा बुद्ध के एक प्रवचन में उन्हें कहते सुना था, ''उसको भी त्याग दो, जिसने सब कुछ त्यागा है'' (अर्थात् 'मैं', अहंकार)।

राजा समझ गया कि वह अब भी अहं के चंगुल में था; वह अब भी इस बोध से मुक्त नहीं हो पाया कि महात्मा बुद्ध के आदेश पर 'उस' ने हीरा और कमल गिरा दिए थे।

उस क्षण में उसने बुद्ध के सामने स्वयं को पूरी तरह से समर्पित कर दिया, अपने अहंकार को त्याग दिया। स्वामी ने अपनी आँखें खोलीं और उसे संघ में स्वीकार कर लिया, क्योंकि उस क्षण में राजा ने सचमुच स्वयं को समर्पित कर दिया था।

''अहं कभी संतुष्ट नहीं होता; आप जितना उसे संतुष्ट करते हैं, उसकी भूख और ज्यादा बढ़ जाती है।''

—नेथेनियल ब्रॉनर जूनियर

व्यावहारिक सुझाव

- अहंकार का नाश करने के मार्ग में पहला कदम यह होगा कि आपके जीवन में जो कुछ भी अच्छा होता है, उसका श्रेय ईश्वर को दें। प्रतिदिन बस 5 मिनट इस मंत्र का ध्यान करें, ''ना हम, ना हम, तू है, तू है। मैं कुछ नहीं, बस तू ही तू है।''

□

96

बुद्धिमत्ता प्रतिभा से बेहतर है

एक निर्धन किंतु बुद्धिमान आदमी था, जिसे वरदान देने के लिए ज्ञान की देवी सरस्वती उसके सपने में प्रकट हुईं। जब उन्होंने उससे पूछा कि वह उनसे क्या चाहता है, तो उसके मुँह से निकल गया, "कृपया लक्ष्मीजी से कहें कि वे मुझे दर्शन दें।"

माँ सरस्वती इससे बहुत खुश नहीं हुईं।

परंतु उन्होंने अपने भक्त के साथ कुछ शरारत करने का निश्चय किया। उन्होंने लक्ष्मी और अलक्ष्मी, दोनों से अनुरोध किया कि वे उस आदमी के सामने प्रकट हों। "वह मेरे सबसे बुद्धिमान भक्तों में से एक है," वे उन दोनों से बोलीं। "वही यह बताने में समर्थ है कि आप दोनों में से सचमुच सुंदर और मोहक कौन है?"

तत्क्षण दोनों उस निर्धन व्यक्ति के समक्ष प्रकट हुईं, जो एक और सपने में उनकी अपेक्षित, अनामंत्रित (वास्तव में, अनचाही) उपस्थिति को देखकर हक्का-बक्का रह गया। उसकी विकट स्थिति की कल्पना कीजिए, जब उन दोनों देवियों ने उससे माँग की कि वह उन्हें बताए कि उन दोनों में से ज्यादा आकर्षक कौन है।

उसकी तीक्ष्ण बुद्धि तेजी से काम करने लगी। जब तक वह अपना दिमाग दौड़ा रहा था, उसने दोनों देवियों से कुछ दूर पीछे जाकर आने की प्रार्थना की, ताकि वह उनका स्वरूप और चाल ठीक से देख सके। वह घोर दुविधा में था।

वह जानता था कि वह लक्ष्मीजी का आशीर्वाद चाहता है, परंतु अगर उनकी बहन ने इससे नाराज होकर श्राप दिया और आजीवन उसके साथ रहने लगी तो क्या होगा?

आगे-पीछे घूम-घूमकर अपना धैर्य खोकर दोनों बहनों ने उससे अपना निर्णय जल्दी सुनाने के लिए कहा। तुरंत ही उसकी बुद्धि काम कर गई।

"मेरी सबसे प्यारी माँ अलक्ष्मीजी," उसने कहना शुरू किया, "मुझे आप उस समय सबसे सुंदर और मोहक लगती हैं, जब आप मुझसे दूर जा रही होती हैं। और जहाँ तक माँ लक्ष्मीजी, आपका प्रश्न है, उस समय आपकी सुंदरता और मोहकता अवर्णनीय होती है, जब आप मेरी ओर आती हैं।"

बुद्धिमानी से आप हर समस्या का समाधान खोज सकते हैं।

"बुद्धिमत्ता किसी भी दौलत से बढ़कर होती है।"

—सोफोकल्स

व्यावहारिक सुझाव

- इस सच्चाई में विश्वास करें, "हर समस्या का एक समाधान है, हमें बस उसे खोजना होता है।"
- जब आप एक कठिन स्थिति का सामना कर रहे हों, तो उपर्युक्त सूत्र को बार-बार दोहराएँ, यह आपको उस स्थिति का सामना करने और उससे सही तरीके से निपटने में आपका आत्मविश्वास बढ़ाएगा तथा प्रोत्साहित भी करेगा।

□

97

हम हमेशा देर से जागते हैं

अरस्तू यूनान के सबसे प्रतिष्ठित शिक्षक थे। शहर के सर्वोत्तम और सबसे मेधावी युवा शिक्षा पाने के लिए उनके संस्थान में एकत्र हो जाते थे, ताकि वे भविष्य में आदर्श नागरिक और आदर्श मानव बन सकें।

एक बार, एक युवा माँ अरस्तू के पास आई। वह उस दिन का सपना देख रही थी, जब उसका नन्हा सा लड़का अरस्तू का छात्र बन जाएगा।

आतुरतावश, वह चाहती थी कि बहुत छोटी उम्र से ही उसके बेटे को इसके लिए तैयार किया जाए।

"मुझे अपने बच्चे का प्रशिक्षण कब शुरू करना चाहिए, ताकि वह बड़ा होकर एक आदर्श मानव बन सके?" उसने महान् शिक्षक से पूछा।

"आपके बेटे की उम्र क्या है?" अरस्तू ने पूछा।

"अभी वह सिर्फ पाँच साल का है," आतुर माँ ने कहा।

"और समय न गँवाएँ, देवीजी," अरस्तू ने कहा, "आप पहले ही पाँच साल देर से आई हैं।"

गर्भावस्था से ही शुरू कर दें। अगर बीज को ही ठीक से पोषित किया जाए, तो वह एक स्वस्थ और सशक्त पौधे के रूप में विकसित होगा।

"बच्चे की संभावनाओं को मुक्त कीजिए और आप उसे संसार के एक परिपूर्ण मानव में बदल देंगे।"

—मारिया मोंटेसरी

व्यावहारिक सुझाव

- क्या आप काफी समय से किसी काम को करने में टालमटोल करते रहे हैं? उसे आज ही निबटा लें, क्योंकि अन्यथा एक ऐसा 'कल' आएगा, जब बहुत ही देर हो चुकी होगी।

□

98

पहले आग बुझाइए

एक बार गौतम बुद्ध के कुछ शिष्यों ने उनसे ईश्वर से संबंधित कई प्रश्न पूछे। 'वह' यथार्थ में है क्या? 'वह' कैसे प्रकट होते हैं। उन्होंने मानव जाति की रचना क्यों की?

महात्मा बुद्ध ने उन सब प्रश्नों के उत्तर देना समय की बर्बादी समझा। इसलिए उन्होंने उत्तर देने की बजाय एक कहानी सुनाई।

एक समय एक आदमी का घर धू-धू करके जल रहा था। जब आग की लपटें घर की दीवारों और छत को छू रही थीं, जब काला धुआँ और नारंगी ज्वाला गहरा गई थी, वह तब भी घर के अंदर बैठा था। उसके पड़ोसी, मित्र और परिवारजन बाहर खड़े उसे पुकार रहे थे, "तेज हवा चल रही है। आग फैल रही है। तुम अंदर कर क्या रहे हो? जल्दी बाहर आ जाओ, नहीं तो भस्म हो जाओगे।"

वह आदमी मूर्खतावश आग की लपटों के बीच बैठा रहा, फिर उसने चिल्लाकर बाहर खड़े लोगों से पूछा, "आग लगी कैसे थी? इस समय आग का तापमान क्या है? इस आग में कौन-कौन से रासायनिक तत्त्व हैं? जब तक मुझे इन सवालों के जबाव नहीं मिल जाते, मैं बाहर नहीं आऊँगा।"

महात्मा बुद्ध ने अपने शिष्यों से कहा, "तुम लोगों में से हर एक उस आदमी की तरह हो। तुम्हारा घर जल रहा है। सच यह है कि तुम सब इच्छाओं की आग में जल रहे हो। तुम सबको जाकर पहले इच्छाओं की उस आग को

बुझाना चाहिए। जब तुम ऐसा कर लोगे तुम 'निर्वाण' या 'प्रबोधन' की अवस्था में पहुँच जाओगे। तब ईश्वर और दिव्यता विषयक प्रश्नों के उत्तर तुम्हारे मन में स्वतः स्पष्ट हो जाएँगे।"

हम जगत् में हो रही असंख्य घटनाओं का अर्थ खोजने के प्रयास में व्यर्थ ही उनका बौद्धिक विश्लेषण करते रहते हैं। हम ईश्वर की दयालुता पर विश्वास करके यह समझने लग जाएँ कि 'उस' की योजनाएँ परिपूर्ण, परंतु हमारे लिए अमूल्य हैं, तो हमें शांति प्राप्त होगी।

"सिर्फ 'जानना' काफी नहीं है; हमें उस ज्ञान पर अमल करना चाहिए। कोई कार्य करने के लिए इच्छुक होना पर्याप्त नहीं है; हमें उसे वास्तव में करना चाहिए।"

—गेटे

व्यावहारिक सुझाव

- बिना सोचे-समझे प्रतिक्रिया देना, जल्दबाजी में कुछ अनाप-शनाप कहना, फिजूल की बहस करना, ये सब आम प्रवृत्तियाँ हैं। किसी उभरती स्थिति पर शांत भाव से नजर रखकर केवल साक्षी बने रहने का अभ्यास करें। यह कल्पना करें कि आप उस स्थिति को दूरबीन की सहायता से बहुत दूर से देख रहे हैं। ध्यान रखें कि विवाद और फिजूल के तर्क सामनेवाले व्यक्ति को बस थका देने का काम करेंगे; वे विवाद में आपको विजेता नहीं बनाएँगे।

□

99

जीसस बेहतर जानते थे

कार्यकारी अधिकारियों और प्रशासकों का एक समूह एक रेस्तराँ में रात्रि भोजन कर रहा था। वे उन समस्याओं पर बात कर रहे थे, जो धर्म के प्रसार में बाधक हैं और बात ईसाई धर्म की ओर मुड़ गई।

''अगर आप मुझसे पूछें, तो मैं कहूँगा कि अपने शिष्यों को चुनने में जीसस को और अधिक विवेक से काम लेना चाहिए था,'' उनमें से एक ने कहा। ''उन्हें शासकों, नेताओं, कुशल राजनेताओं और प्रखर वक्ताओं का चुनाव करना चाहिए था। पर इसके बदले उन्होंने किया क्या? वे गेलिली झील के किनारे गए और चार साधारण मछुआरों—पीटर, एंड्रयू, जेम्स और जॉन—को पुकारा। मैं यह सोचे बिना नहीं रह सकता कि वे इससे बेहतर चुनाव कर सकते थे,'' उस आदमी ने कहना जारी रखा। ''क्या आप नहीं समझते कि वे अधिक शिक्षित, अधिक सुसंस्कृत, अधिक उपयुक्त आदमी चुन सकते थे?''

''मैं आपसे सहमत नहीं हूँ,'' अगली मेज पर बैठे एक अधिकारी ने कहा। ''माफ कीजिएगा, आप लोगों की बातचीत सुने बिना मैं नहीं रह सका और मछुआरों के पक्ष में यह कहना चाहूँगा कि उनमें भी बहुत से गुण हैं। वे साधन-संपन्न, धैर्यवान और स्थिर बुद्धि वाले हैं। उनमें कई तूफानों से लड़ने की क्षमता है। वे अपनी नौकाओं, रस्सियों और दूसरे उपकरणों का इस्तेमाल बखूबी जानते हैं। वे जानते हैं कि एक-दूसरे को सहयोग देकर एक टीम के रूप में कैसे काम किया जाता है। जीसस आपसे बेहतर जानते थे!''

हमें सिर्फ इतना याद रखने की जरूरत है कि जीवन के इस महानाटक में दूसरों द्वारा निभाए गए किरदारों के बिना हमारी अपनी भूमिकाएँ बेमतलब होंगी।

''मनुष्य के लिए परस्पर-निर्भरता भी उतनी ही आदर्श है और होनी भी चाहिए, जितनी आत्म-निर्भरता है। मनुष्य एक सामाजिक प्राणी है।''

—महात्मा गांधी

व्यावहारिक सुझाव

- ऐसे भी मौके आ सकते हैं, जब हम गप-शप और परनिंदा की लहर के साथ बह जाते हैं। ऐसा तब होता है, जब दो या उससे ज्यादा लोग इकट्ठे होते हैं। ऐसे अवसरों पर अपने आपको मन-ही-मन और बार-बार यह याद दिलाना उपयोगी होगा—''प्रत्येक मानव ईश्वर की एक मूल्यवान रचना है!''

□

100

डबलरोटी पत्थर बन गई

एक बोध कथा है कि एक अत्यंत धनी महिला के पास वाले घर में तीन बच्चों की माँ, एक निर्धन महिला रहती थी।

एक दिन ऐसा हुआ कि उस निर्धन स्त्री के पास अपने भूखे बच्चों को खिलाने के लिए कुछ भी नहीं था। नम्रता से वह धनी महिला के द्वार पर गई और कहा—''मेरे बच्चे भूख से बिलबिला रहे हैं, क्या मुझे थोड़ी डबलरोटी मिल सकती है?''

''मुझे अफसोस है कि मेरे पास अपने लिए भी डबलरोटी नहीं बची है।'' धनी महिला ने झूठ बोल दिया—''मैं तुम्हें डबलरोटी कैसे दे सकती हूँ?''

निर्धन महिला ने गिड़गिड़ा कर कहा—''कृपया ध्यान से देख लीजिए। मुझे विश्वास है कि आपकी अलमारी में कहीं-न-कहीं थोड़ी डबलरोटी जरूर होगी।''

''नहीं, नहीं है डबलरोटी,'' धनी महिला ने डपटकर कहा।

''पर आप तो इतनी धनी हैं और ऐसा नहीं हो सकता।'' निर्धन स्त्री ने रोकर कहा।

''यदि मेरी अलमारी में कोई डबलरोटी है, भगवान करे वह पूरी तरह से पत्थर में बदल जाए।''

अमीर महिला ने कसम खाई। "अब कृपा करके जाओ, क्योंकि मेरे पास तुम्हें देने के लिए कुछ है ही नहीं।"

जब वह निर्धन महिला अपनी आँखों में आँसू भर कर चली गई तो अमीर महिला ने अपने बच्चों से कहा, "चलो अब हम शांति से भोजन करें।"

मेज पर सूप रख दिया गया। मक्खन निकाला गया और वह महिला अलमारी से डबलरोटी निकालने के लिए गई। वह यह देखकर दंग रह गई कि डबलरोटी सचमुच पत्थर में बदल चुकी थी।

"माँ-माँ," बच्चे चिल्लाए। "हमें भूख लगी है।"

"चिंता न करो।" अमीर महिला ने कहा। उसने पाँच पाउंड का नोट अपने नौकर को दिया और उसे बेकरी से तीन ताजी डबलरोटी लाने का आदेश दिया।

जब नौकर वापिस आया तो उस महिला को महसूस हुआ कि वह डबलरोटी वाली टोकरी को उठा नहीं पा रही। उसने डबलरोटी की टोकरी को खोला तो क्या देखती है कि नौकर द्वारा लाई गई तीनों ताजी गर्म डबलरोटी हाथ लगाते ही पत्थर बन चुकी थीं। वह सकते में आ गई। उसे सदमा लगा। वह बेकरी की ओर भागी तथा अपनी पड़ोसिन के लिए डबलरोटी तथा केक खरीदा। उसने अनाज की दुकान से भी काफी मात्रा में खाने का सामान खरीदा।

"यह लो बहन।" उसने निर्धन महिला को सारे उपहार देते हुए कहा। वह हाँफ रही थी। "आज मैंने एक कड़वा सबक सीखा है। मैं अब कभी भी स्वार्थी नहीं बनूँगी।"

जब वह वापस लौटी तो टोकरी में पड़े पत्थर डबलरोटी बन चुके थे। बच्चों ने फटाफट खाया। उन्हें पता चल गया कि अपने आस-पास के व्यक्तियों के साथ उन्हें उदार होना चाहिए।

''आपके पास जो भी आए वह बेहतर और अधिक प्रसन्न होकर ही जाए। भगवान् की दयालुता के जीवंत अभिव्यक्त बनें। आपके चेहरे पर दयालुता, आपकी आँखों में दया आपकी मुस्कान में दयालुता हो।''

—मदर टेरेसा

व्यावहारिक सुझाव

- अपनी आँखें बंद कीजिए और इस सुनहरे सत्य पर ध्यान करें—''जैसे बोओगे वैसा काटोगे।'' आप काँटे बोकर फल प्राप्त नहीं कर सकते। हर विचार जो मैं सोचता हूँ, हर शब्द जो मैं बोलता हूँ, हर कर्म जो मैं करता हूँ, एक बीज है, जो मैं जीवन के खेत में बोता हूँ। समय आने पर बीज फूटेंगे और वृक्ष बनेंगे और फल आएँगे—कड़वे या मीठे—जो मुझे ही खाने होंगे।

□□□